میرٹھ اور ۱۸۵۷ء

ڈاکٹر راحت ابرار

© Taemeer Publications LLC

Meerut aur 1857

by: Dr. Rahat Abrar

Edition: March '2024

Publisher :

Taemeer Publications LLC (Michigan, USA / Hyderabad, India)

ISBN 978-93-5872-996-2

مصنف یا ناشر کی پیشگی اجازت کے بغیر اس کتاب کا کوئی بھی حصہ کسی بھی شکل میں بشمول ویب سائٹ پر اَپ لوڈنگ کے لیے استعمال نہ کیا جائے۔ نیز اس کتاب پر کسی بھی قسم کے تنازع کو نمٹانے کا اختیار صرف حیدرآباد (تلنگانہ) کی عدلیہ کو ہوگا۔

© تعمیر پبلی کیشنز

کتاب	:	**میرٹھ اور ۱۸۵۷ء**
مصنف	:	**ڈاکٹر راحت ابرار**
پروف ریڈنگ / تدوین	:	اعجاز عبید
صنف	:	تاریخ
ناشر	:	تعمیر پبلی کیشنز (حیدرآباد، انڈیا)
سالِ اشاعت	:	۲۰۲۴ء
صفحات	:	۶۰
سرورق ڈیزائن	:	تعمیر ویب ڈیزائن

ہندوستان کی سیاسی اور ثقافتی تاریخ میں 1857ء ایک سنگِ میل کی حیثیت رکھتا ہے۔ کسی نے اس کو شورش قرار دیا تو کسی نے غدر اور فوجی بغاوت سے تعبیر کیا۔ ملک کی آزادی کے بعد سے 1857ء کو آزادی کی پہلی جنگ یا قومی تحریک کے عنوان سے پکارا جاتا ہے۔ غرض کہ ڈیڑھ سو سال قبل 9/ مئی 1857ء کو جو فوجی بغاوت میر ٹھ سے شروع ہوئی وہ انقلاب کا پہلا نقیب اور جنگِ آزادی کی پہلی آواز تھا۔

ملکی اور غیر ملکی مورخ 1857ء کی بغاوت کی ماہیت کے بارے میں جتنی بھی بحث کریں لیکن ہندوستان کے عوام یہ تسلیم کر چکے ہیں کہ میر ٹھ کی یہ بغاوت ہماری قومی تحریک کا سر چشمہ ہے۔

خود فیلڈ مارشل لارڈ رابرٹس نے تسلیم کیا ہے کہ " حکومتِ ہند کے سرکاری کاغذات میں مسٹر فارسٹ کی تحقیقات سے ثابت ہوتا ہے کہ کارتوسوں کی تیاری میں جو روغنی محلول استعمال کیا گیا تھا، واقعی وہ قابلِ اعتراض اجزاء یعنی گائے اور سور کی چربی سے مرکب تھا اور انکارتوسوں کی ساخت میں فوجیوں کے مذہبی تعصبات اور جذبات کی مطلق پرواہ نہیں کی گئی 1۔

1857ء کے اس خونیں انقلاب میں میر ٹھ کے 85 بہادر سپاہیوں نے پوری دنیا کو یہ پیغام بھی دیا ہے کہ ہندو مسلم اتحاد، جذبۂ ایثار، مادرِ وطن کی خاطر مذہبی اتحاد اور رواداری کو فروغ دیا جا سکتا ہے۔ گائے کا گوشت کھانے والے اور گائے کی پوجا کرنے

والے، لا الہ اللہ محمد الرسول اللہ کا کلمہ پڑھنے والے مسلمان اور منتروں کا جاپ کرنے والے ہندوؤں نے مل کر بغاوت کی 2۔

میرٹھ چھاؤنی سے جو بھی سپاہی ملک کے کسی حصہ کی طرف کوچ کرتا تھا وہ نعرہ لگاتا ہوا کہتا تھا کہ "بھائیو! ہندو اور مسلمانو!! انگریزوں کو اپنے ملک سے باہر کرو" انقلابیوں کے اس حقارت آمیز نعرے میں تین الفاظ اہمیت کے حامل ہوا کرتے تھے یعنی "ہندو اور مسلمان"۔ ان تین الفاظ میں اس بات کی تلقین کی جارہی تھی کہ ہندو اور مسلمان مل کر یہ قومی جنگ لڑیں کیونکہ اس کے بغیر غلامی سے نجات نہیں ہو سکتی۔ اس اعلان کے بعد پورے ہندوستان میں انقلاب کی لہر دوڑ گئی۔

میرٹھ کے فوجیوں میں انقلاب کی روح پھونکنے والا شخص عبداللہ بیگ نام کا ایک برطرف فوجی افسر تھا جس نے اپنے ہم وطن فوجی ساتھیوں سے کہا تھا کہ مجھے اچھی طرح معلوم ہے کہ جو کارتوس تمہیں دئے جارہے ہیں ان میں سؤر اور گائے کی چربی لگی ہوئی ہے اور سرکار تمہاری ذات بگاڑنے کی خواہش مند ہے۔ میرٹھ فوج کے دو مسلم سپاہی شیخ پیر علی نائک اور قدرت علی نے سب سے پہلے 23/اپریل 1857ء کی رات کو ملٹری میس میں ایک خفیہ میٹنگ کی اور اسی وقت ہندو اور مسلم فوجیوں نے مقدس گنگا اور قرآن شریف کی قسمیں کھا کر حلف لیا کہ وہ اس کارتوس کا استعمال نہیں کریں گے 3۔ 24 اپریل 1857ء کو فوجی پریڈ گراؤنڈ پر نوے فوجیوں میں سے 85 فوجیوں نے جن میں سے اڑتالیس مسلمان اور 37 ہندو تھے کمپنی کمانڈر کرنل اسمتھ (Smyth) کے سامنے اعلان کر دیا کہ وہ چربی والے کارتوس اس وقت تک استعمال نہیں کریں گے جب تک کہ وہ پوری طرح مطمئن نہیں ہو جاتے 4۔ چنانچہ ایک فوجی عدالت میں ان سپاہیوں کو پیش کیا گیا اور جابر فوجی عدالت نے تمام سپاہیوں کو دس سال قید با مشقت کی سزا سنائی۔

سپاہیوں نے اس فیصلے کے خلاف اپیل کی جو جنرل ہیوٹ (Hewitt) نے مسترد کر دی 5۔ 9؍ مئی 1857ء کو ہندوستانی رسالے کی پلٹن کو میدان میں آنے کا حکم دیا گیا۔ چاروں طرف توپ اور گورا فوج تیار کھڑی تھی۔ پچاسی سپاہیوں کو ننگے پاؤں پریڈ کراتے ہوئے میدان میں لایا گیا اور چار سپاہیوں کو وہیں گولی کا نشانہ بنا دیا گیا اور بقیہ اکیاسی سپاہیوں کی وردیاں پھاڑ کر اتار دی گئیں، فوجی میڈل نوچ لئے گئے اور وہاں پہلے سے موجود لوہاروں سے ان باغی سپاہیوں کے ہاتھوں میں ہتھکڑیاں اور پیروں میں بیڑیاں ڈال دی گئیں 6۔

جو سپاہی پلٹن میدان سے واپس آ گئے تھے ان میں نفرت اور غصہ پھوٹ رہا تھا اور انہوں نے 10؍ مئی کو اتوار کے دن جب سبھی انگریز فوجی افسر گرجا گھر میں اتوار کی عبادت کے لئے جمع ہو رہے تھے کہ یکایک چند جوشیلے نوجوانوں نے مشتعل ہو کر ہندوستانی سپاہیوں کی بیرکوں میں آگ لگا کر آزادی کی جدوجہد کا اعلان کر دیا۔ کرنل فینس (Finnis) سب سے پہلے ان انقلابی سپاہیوں کی گولی کا نشانہ بنے 7۔ اس کے بعد نو اور انگریزوں کو قتل کر دیا گیا جن کی قبریں آج بھی میرٹھ۔ رڑکی روڈ پر واقع سینٹ جونس سیمٹری میں اس تاریخی واقعہ کی یاد دلاتی ہیں۔ حالانکہ بہت سے مورخین نے ہزاروں انگریزوں کے قتلِ عام کا حوالہ دیا ہے مگر میرٹھ کے قدیمی مسیحی قبرستان میں صرف دس قبریں ہیں جو دس مئی کے واقعہ کی خاموش گواہ ہیں۔

ان انقلابی فوجیوں میں جوش و جذبہ پیدا کرنے میں میرٹھ کے صدر بازار کی چار طوائف صوفیہ، مہری، زینت اور گلاب کو بھی بہت دخل ہے 8۔ ان فوجیوں کو ان طوائفوں نے ہی وطن پرستی کے لئے انہیں للکارا تھا اور اس طرح 1806ء میں قائم میرٹھ کی فوجی چھاؤنی دیکھتے دیکھتے ہی انگریزوں کی غلامی سے آزاد ہو گئی۔

ظہیر دہلوی لکھتے ہیں کہ ان عورتوں نے لعن وطعن و تشنیع سے پنکھا جھل جھل کر نارِ فتنہ وفساد کو بھڑکانا شروع کیا اور ان کی چرب زبانی آتش فساد پر روغن کا کام کر گئی۔ ان عورات نے مردوں کو طعنے دینے شروع کئے کہ تم لوگ مرد ہو اور سپاہی گری کا دعویٰ کرتے ہو مگر نہایت بزدل بے عزت اور بے شرم ہو۔ تم سے تو ہم عورتیں اچھی ہیں تم کو شرم نہیں کہ تمہارے سامنے افسروں کے ہتھکڑیاں، بیڑیاں پڑ گئیں مگر تم کھڑے دیکھا کئے اور تم سے کچھ نہ ہو سکا۔ یہ چوڑیاں تو تم پہن لو اور ہتھیار ہم کو دے دو ہم افسروں کو چھڑا کر لاتی ہیں۔ ان کلمات نے اشتعال طبع پیدا کیا۔۔۔۔۔ مردانگی کی آگ بھڑک اٹھی اور مرنے مارنے پر تیار ہو گئے 9۔ میرٹھ کے اس واقعہ نے عام بغاوت کی کیفیت پیدا کر دی تھی اور آگ کی طرح یہ خبریں پھیل گئیں تھیں۔ میرٹھ چھاؤنی کی اس چنگاری نے دیکھتے ہی دیکھتے شعلۂ جوالہ بن کر پورے برِ صغیر کو اپنی لپیٹ میں لے لیا۔

اسی دوران انقلابیوں نے میرٹھ سینٹرل جیل کے دروازے توڑ دئے، کھڑکیاں اکھاڑ پھینکیں اور ایک دن پہلے جیل میں قید اپنے ساتھیوں کو آزاد کرالیا۔ ان کے ساتھ تقریباً بارہ سو قیدی بھی جیل سے نکل بھاگے۔ بعض قیدی ہتھکڑی اور بیڑی لگے ہوئے وہاں سے چل دئے اور عبد اللہ پور، بھاون پور، سیال، مبارک پور ہوتے ہوئے مان پور پہونچے جہاں کسی نے انگریزوں کے ڈر کی وجہ سے ان کی ہتھکڑیاں اور بیڑیاں کاٹنے کی ہمت نہیں کی۔ وہاں مان پور گاؤں کے ایک لوہار مہراب خاں نے بڑی ہمت کا مظاہرہ کرتے ہوئے ان قیدیوں کی ہتھکڑیاں اور بیڑیاں کاٹ ڈالیں اور ان ہتھکڑیوں اور بیڑیوں کو کنویں میں ڈال دیا۔10

میرٹھ کے عالم مولانا سید عالم علی اور ان کے بھائی سید شبیر علی جو صاحبِ کشف بزرگ تھے، دل کھول کر ان باغی سپاہیوں کی مدد کی۔ شاہ پیر دروازے سے نوچندی کے

میدان تک ہزاروں جوان سر بکف آتشِ سوزاں بنے ہوئے نبرد آزما دکھائی دے رہے تھے۔ یکایک کپتان ڈریک اسلحہ سے لیس ایک فوجی دستہ لئے ہاپوڑ روڈ پر نمودار ہوا اور ہجوم پر فائرنگ کر دی۔ یہاں زبردست قتلِ عام ہوا۔ 11/مئی 1857ء کو بائیس حریت پسندوں کو نوچندی کے میدان میں پھانسی دے دی گئی جن میں سید عالم اور سید شبیر علی صاحبان بھی شامل تھے۔ شہر کے باشندے یہ خبر سن کر بھڑک اٹھے اور اسی دن سرکاری دفاتر کو نذر آتش کر دیا۔ انتظامیہ مفلوج ہو گئی۔ ہر طرف آگ کے شعلے بھڑک رہے تھے اور دھوئیں سے آسمان نظر نہیں آ رہا تھا۔ 11

میرٹھ کے ممتاز شاعر مولانا اسمٰعیل میرٹھی جو خود اس ہنگامے کے عینی گواہ تھے ان کے بیٹے محمد اسلم سیفی اپنے والد کے بارے میں لکھتے ہیں کہ "دس/مئی 1857ء کا واقعہ ہے۔ ماہ رمضان المبارک کی 14 تاریخ اس دن تھی۔ پڑوس میں دعوت روزہ افطار کی تھی۔ مولانا اور دیگر اعزا اس میں شریک تھے۔ یکایک ہولناک شور و غل کی آوازیں بلند ہوئیں۔

معلوم ہوا کہ جیل خانہ توڑ دیا گیا ہے اور قیدی بھاگ رہے ہیں۔ لوہار ان کی ہتھکڑیاں اور بیڑیاں کاٹنے میں مصروف ہیں۔ شہر کے لوگ سراسیمہ ہر طرف رواں دواں نظر آ رہے تھے۔ کثیر التعداد آدمی جیل خانہ کی سمت دوڑے چلے جا رہے ہیں۔ مولانا کے قلب پر اس ہنگامہ کا بہت گہرا اثر ہوا۔ اس عظیم الشان ہنگامۂ دار و گیر کا تلاطم۔ دہلی کی تباہی کا نقشہ، اہلِ دہلی کا حالِ پریشان، ان باتوں نے مولانا کے دل و دماغ پر بچپن ہی میں ایسا گہرا اثر بٹھایا کہ آئندہ زندگی میں فلاح و بہبود و خلائق کے لئے بلا لحاظ دین و ملت یا ذات پات مصروفِ کار رہے۔"12 مولانا اسماعیل میرٹھی کے دل میں بھی آزادی کی تڑپ پیدا ہوئی جس کا اظہار انہوں نے اس طرح کیا ہے۔

ملے خشک روٹی جو آزاد رہ کر
ہے وہ خوف وذلت کے حلوے سے بہتر
جو ٹوٹی ہوئی جھونپڑی بے ضرر ہو
بھلی اس محل سے جہاں کچھ خطر ہو

محمد غلام مولیٰ بخش قلقؔ میرٹھی دلی کالج میں فارسی کے استاد مولانا امام بخش صہبائیؔ کے شاگرد ہوئے۔ قلقؔ نے تعلیم مکمل کرنے کے بعد دلی میں سکونت اختیار کرلی۔ 1857ء کے واقعات اور حادثات سے دل برداشتہ ہوکر اپنے وطن میرٹھ آ گئے۔ ان ہنگاموں میں ان کے استاد مولانا اما بخش صہبائیؔ اور ہم درس مولوی عبد الکریم سوزؔ کو انگریزوں نے قتل کر دیا۔ میرٹھ میں آکر انہیں دہلی کی محفلوں کی تشنگی کا احساس رہا۔ خود لکھتے ہیں:

قلقؔ کیوں چھوڑتا دہلی کو کیوں میرٹھ میں آرہتا
گدائی کے بھروسہ پر لٹایا بادشاہی کو

میرٹھ میں ہے قلقؔ تو مگر بلبلِ غریب
افسوس ہے کہ تیرا کوئی ہم زباں نہیں

میرٹھ میں انہوں نے اپنے استاد مومنؔ کا کلیات ترتیب دیا۔ اس کے بعد انہیں سر رشتہ تعلیم میں انگریزی کی اخلاقی نظموں کے ترجمے کا پروجیکٹ مل گیا۔ ان کے یہ ترجمے "جواہر منظوم" کے نام سے مرزا غالب کی نظر ثانی کے بعد کتابی شکل میں 1866ء میں شائع ہوئے۔ قلقؔ کے ان تراجم سے اردو کے بہت سے شعراء متاثر ہوئے اور انہوں نے اپنی شاعری کی قدیم روش میں تبدیلی بھی کی جن میں اسمٰعیل میرٹھی، محمد حسین آزادؔ اور

خواجہ الطاف حسین حالیؔ شامل ہیں۔13

میرٹھ کے ہی سید حسین علی ابنِ سید مدد علی نبیرۂ حضرت بھلّے شاہ سادات نو محلہ سے تھے اور میرٹھ میں سرکاری فوج میں رسالدار تھے، وہ بھی باغیوں کی مدد کے لئے آگے آئے اور بعد میں بریلی کے نواب خان بہادر کی فوج میں شامل ہو گئے۔ انگریزوں کے ظلم و ستم کے خلاف انہوں نے اپنے گھر کی عزت بچانے کے لئے اپنی ماں بہنوں کو آمادہ کیا کہ وہ خاندانِ سادات کی عزت کی لاج رکھتے ہوئے کوئیں میں کود پڑیں۔ بعد میں وہ بھی شہید کر دئے گئے۔14

مجاہدِ آزادی میوارام گپت لکھتے ہیں کہ شہید والی خاں دیسی رجمنٹ نمبر گیارہ میرٹھ کے افسر تھے۔ انہوں نے سوٗر کی چربی کی وجہ سے کارتوسوں کو داخل اسٹور کرنے کا مشورہ دیا جس پر انگریز افسر سے ان کی جھڑپ ہو گئی۔ انہوں نے افسر پر فائر کر دیا جس کی وجہ سے ہنگامہ شروع ہو گیا جسے غدر کا نام دیا گیا۔ والی خاں صاحب بہادر شاہ ظفرؔ کے ہم شکل تھے، وہ جب میدان میں پہنچے تو عام شہرت ہو گئی کہ بادشاہ سلامت خود فوج کی قیادت کر رہے ہیں۔ فوج کے حوصلے بڑھ گئے، انگریزوں کی شکست ہوئی، دوسرے دن بھی انگریزوں کو ہار کا منھ دیکھنا پڑا لیکن تیسرے دن 13 ر مئی کو میدان کارزار میں آپ شہید ہو گئے۔ والی خاں کا نام برٹش سرکار کے ریکارڈ میں "بانیٔ غدر 1857" کی حیثیت سے درج ہے۔15

کمشنر ایف ولیمیز (F.Williams) نے میرٹھ کے ہنگاموں کا ذکر کرتے ہوئے کہا ہے کہ "گوجروں اور رہائی یافتہ مجرموں نے فوراً رہزنی اور لوٹ مار شروع کر دی، سڑکوں کو بند کر دیا گیا، ڈاک کا سلسلہ منقطع ہو گیا۔ 11 اور 12 ر مئی کو رانگھڑوں (مسلم راجپوت) اور راجپوتوں نے تحصیل سردھنہ پر حملہ کر دیا۔ قلندر خاں نام کے حولدار نے فوراً اپنے

آپ کو حکمراں ہونے کا اعلان کر دیا۔16

میرٹھ کے عوام نے ان انقلابی فوجیوں کی بھرپور مدد کی اور ایک ہی دن میں یہ بغاوت ایک انقلابی تحریک کا روپ اختیار کر گئی۔ میرٹھ کا جیل خانہ جس مقام پر تھا اس کو وکٹوریہ پارک کہا جاتا تھا اور اب اسے بھاماشاہ پارک کے نام سے یاد کیا جاتا ہے۔ یہ جگہ میرٹھ کالج کی ملکیت ہے۔ آندولن کرنے سے پہلے انقلابیوں نے پاس میں بنے مندر میں ایک جگہ جمع ہو کر پوجا کی اور حلف لینے کے بعد آگے بڑھے۔ نعرۂ تکبیر اللہ اکبر اور ہر ہر مہادیو کے نعروں سے سارا شہر گونج اٹھا۔ ٹیلیفون کے تار کاٹ دئے گئے، ریلوے لائن پر پہرہ بٹھا دیا گیا جس سے کوئی انگریز نقل و حرکت نہ کر سکے اور نہ ہی کوئی فوجی پلٹن باہر سے طلب کی جا سکے۔17

شاہ مل جاٹ باغپت کا باغی رہنما تھا۔ اس کے بارے میں یہ رپورٹ تھی کہ "اس نے باغپت پر حملہ کیا اور اسے لوٹا اور دریائے جمنا پر کشتیون کے پل کو تباہ کر دیا جو میرٹھ اور برطانوی فوج کے ہیڈ کوارٹرز کیمپ کے بیچ رسل و رسائل کا واحد اور سیدھا ذریعہ تھا۔ 9/ جولائی کو باغیوں کا ایک بڑا گروہ بیگم آباد (موجودہ مودی نگر) کو لوٹنے کے بعد سیکری میں جمع ہو گیا اور برطانوی فوجی دستوں کا ڈٹ کر مقابلہ کیا۔ ڈھولانہ کے باشندوں نے دہلی کے کچھ باغیوں کی امداد سے پولیس افسروں کو نکال دیا اور سرکاری کاغذات اور عمارات کو تباہ کر دیا۔ پرگنہ بڑوت کے لوگ باقاعدہ طور پر رسد فراہم کرتے اور شاہ مل کے توسط سے دلّی کے باغیوں کو بھیج دیتے۔ 16/ جولائی کو برطانوی فوجی دستوں کو موضع بسودھ کے باشندوں کی سخت مزاحمت کا سامنا کرنا پڑا۔ ان لوگوں نے شاہ مل کی اس قسم کی مدد کی تھی اور دہلی کے باغیوں کے لئے اناج کے بھرے ذخیرے فراہم کر رکھے تھے۔ اس اناج کی مقدار اتنی زیادہ تھی کہ محکمۂ رسد کی تمام گاڑیاں اس ذخیرے کے صرف ایک

قلیل حصہ کو ڈھونے کے لئے ناکافی ثابت ہوئیں۔18

اردو کے سب سے پہلے سیاسی اخبار دہلی اردو اخبار کے مجاہد صحافی مولوی محمد باقر نے میرٹھ کے زیرِ عنوان سپاہیوں کی بغاوت کے اسباب پر روشنی ڈالتے ہوئے لکھا ہے کہ "یہ جرم انکار 85 شعراً اس میں سے قید ہوئے کہ یومِ یکشنبہ کو حمیت دینی اور حمیت مذہبی نے جوش کیا اور دفعتاً تمام اہلِ پلٹن رسالہ جو شخص جس حال میں تھا ہتھیار سنبھال کر اول جیل خانہ سے اپنے برادران اسلامی کو چھڑا کے لائے اور معہ پلٹن درپے انگریزوں اور گوروں کے ہوئے اور جہاں ملے تہہ تیغ کیا حتیٰ کہ سب انگریز اور گورے مضطر دمدمہ میگزین میں محصور ہوئے اور غازیان نامی راہی دہلی ہوئے۔ رڑکی سے ایک پلٹن وہاں کے انگریزوں کو مار کر اس طرف آئی تھی کہ میرٹھ میں ان سے گوروں کا سامنا ہوا۔ تائید الٰہی و اقبال شہنشاہی پلٹن نے ان لوگوں کو پسپا کر کے شکست دے دی اور وہ لوگ پھر اپنے دمدمہ میں گھس گئے اور دو سو گورے مارے گئے۔19

میرٹھ کے باغی سپاہیوں کی عقلِ سلیم کا کرشمہ تھا کہ انہوں نے دریائے جمنا کو پار کیا، ہمارے قدیم ملک کی روایتی دارالسلطنت کو برطانوی غلامی کے جوئے سے آزاد کیا اور جلال الدین محمد اکبر کے محروم وارث بہادر شاہ ظفرؔ کے سر پر شہنشاہ ہندوستان کا تاج رکھا۔ اس واقعہ کی انقلابی اہمیت کو ہر جگہ تسلیم کیا گیا ہے۔ چارلس پال نے اس کی کیفیت کو مندرجہ ذیل الفاظ میں بیان کیا ہے۔ "میرٹھ کے سپاہیوں نے فی الفور ایک قائد، ایک سکّہ اور ایک نصب العین پالیا ہے۔ غدر کو ایک انقلابی جنگ میں بدل دیا گیا ہے"۔20

بغاوت کے بعد کی صورتِ حال کا نقشہ کھینچتے ہوئے ڈبلیو ایچ رسل نے اپنے احساسات کا اظہار کچھ اس طرح کیا ہے " یہاں نہ صرف غلاموں کی جنگ، کسانوں کی بغاوت یکجا ہو گئی بلکہ اجنبی حکومت کا جوا اتار پھینکنے، ہندوستانی والیانِ ریاست کے کامل

اقتدار کو بحال کرنے اور ملکی مذہب کا پورا غلبہ قائم کرنے کی غرض سے ایک مذہب کی جنگ، ایک وطن کی جنگ، انتقام کی جنگ، امید کی جنگ تھی۔"21

اردو کے ممتاز شاعر نواب مصطفیٰ خاں شیفتہ بھی1857ء کے ہنگامے میں معتوب ہوئے، جاگیریں ضبط ہوئیں اور میر ٹھ کے ہنگامے میں سات سال کی سزا ہوئی۔ رہائی کے بعد میر ٹھ کے محلہ خیر نگر میں حاجی ممتاز علی خاں زبیری کی حویلی میں آپ نے قیام کیا۔ شیفتہ کئی سال تک میر ٹھ میں رہے۔ حاجی ممتاز علی غالب کے دوستوں میں تھے اور شیفتہ سے تو غالب کا قلبی تعلق تھا، وہ بہت محبت کرتے تھے، شیفتہ کو جن حالات سے دوچار ہونا پڑا اس سے مرزا غالب بھی متفکر رہتے تھے۔ اس کا اندازہ اس بات سے لگایا جا سکتا ہے کہ مرزا غالب ایک سے زائد مرتبہ شیفتہ سے ملاقات کے لئے میر ٹھ آئے۔22

نواب مصطفیٰ خاں شیفتہ کا قصور یہ تھا کہ انھوں نے اپنی وفاداری انگریز سرکار کے بجائے بہادر شاہ ظفر سے دکھائی اور ایوانِ شاہی میں آداب بجالانے کے لئے کوششیں کیں23۔ مفتی انتظام اللہ شہابی نے مزید معلومات فراہم کراتے ہوئے لکھا ہے کہ " کمپنی بہادر نے جو روش اختیار کی تھی ملک گیری کے اعتبار سے اپنی جگہ صحیح تھی مگر آزادی کے اعتبار سے بے چینی کا سبب بنی۔ جاگیروں، ریاستوں، حکومتوں کی ضبطی نے اربابِ ثروت وجاگیر داروں میں ایک مخالفت کی لہر پیدا کر دی تھی۔ ادھر ہنگامہ جو برپا ہوا تمام جاگیر دار بادشاہ دلّی کے ہمنوا بن گئے۔ شیفتہ کو بھی سات برس کی قید فرنگ ہوئی، نواب صدیق حسن خاں شوہر نواب شاہ جہاں بیگم والیٔ بھوپال نے بڑی کوشش کی۔ بعد ان کو رہا کرایا۔ دلّی کا رہنا چھوڑ دیا تھا اپنی جاگیر پر زیادہ قیام رہتا۔24

میر ٹھ کے ممتاز صحافی سید جمیل الدین ہجرؔ کے صادق الاخبار نے اپنی شعلہ بیانی سے تحریکِ آزادی کو کامیابی و کامرانی سے ہمکنار کرنے میں کوئی دقیقہ نہ اٹھا رکھا اور دیسی

سپاہیوں اور مجاہدینِ آزادی کے جوشِ جہاد میں غیر معمولی شدت پیدا کر دی۔ اس جاں باز مدیر کو انگریز دشمن تحریروں کے سبب بغاوت کے الزام میں تین سال قید بامشقت کی سزا سنائی گئی 25۔ بعد میں انہوں نے میرٹھ میں مستقل سکونت اختیار کرلی اور میرٹھ سے آٹھ صفحات پر مشتمل ہفت روزہ "لارنس گزٹ" جاری کیا جس کے سب ایڈیٹر منشی نثار علی شہرت تھے۔ بعد ازاں 1872ء میں میرٹھ سے ہی چار صفحات پر مشتمل ہفتہ وار اخبار "محبِ ہند" شائع کیا جو ہر جمعہ کو شائع ہوتا تھا۔ اس کا سالانہ چندہ چار روپیہ آٹھ آنہ تھا۔ 26

کلیاتِ رنج میں جمیل الدین ہجرؔ میرٹھی کے فرزند کی ولادت کے تعلق سے ایک قطعہ تاریخ درج ہے جس سے 1292ھ برآمد ہوتا ہے۔

میرے مشفق و قدرداں کو دیا
خدا نے وہ بیٹا کہ ہے بے عدیل
حمید و سعید و عزیز و رشید
حسین و شریف و نجیب واصل
لبِ ہاتفِ غیب سے اے فصیحؔ
ندا آئے لکھ دے چراغِ جمیل

جمیل الدین ہجرؔ کی ساری زندگی اخبار نویسی میں گزری اور وہ اردو صحافت کے معمار تصور کئے جاتے ہیں۔ جمیل الدین ہجرؔ کے اخبار صادق الاخبار نے 1857ء کے انقلاب کا سور پھونکا تھا۔ وہ شاعر بھی تھے اور 1882ء مطابق 1299ھ کو میرٹھ میں ان کا انتقال ہوا۔ جارج پیش شور نے تاریخِ وفات کہی۔

لکھی ہے رنج و غم تاریخ ہم نے

(شور)

میرٹھ کے وزیر خاں وزیرؔ 1857ء کے ہنگامے کے دوران باغپت کے کوتوال تھے۔ میرٹھ ضلع کے چوراسی گاؤں میں انگریزوں کے خلاف نفرت اور تشدد پھوٹ پڑا تھا اور اس کی قیادت بجرول گاؤں کا ایک مجاہد شاہ مل جاٹ کر رہا تھا۔ بہادر شاہ ظفر کی طرف سے اسے اس علاقہ کا صوبہ دار بنادیا گیا تھا۔ اس نے نہ صرف انگریزوں کے ذرائع ابلاغ کو ٹھپ کر دیا تھا بلکہ دلّی جانے والی رسد کو بھی ٹھپ کر رکھا تھا27۔ وزیر خاں وزیر نے اس لڑائی میں میرٹھ کے باغیوں کا ساتھ دیا اور انہیں بعد میں انگریزوں نے لال قلعہ میں قید کر لیا اور دلی میں ایک ماہ تک قید رہے۔ دلی کے کمشنر بہادر گریٹ ہیڈ کی ذاتی کوششوں سے رہائی نصیب ہوئی لیکن بعد میں میرٹھ کے ڈسٹرکٹ مجسٹریٹ مسٹر ڈنلاپ نے پانچ برس کی قید کا حکم دیا۔ 1881ء میں نوکری ترک کرنے کے بعد وظیفہ تاحیات مقرر ہوا۔ 28

وزیر خاں وزیرؔ پٹیالہ کے نزدیک چھت بنور علاقے کے رہنے والے تھے مگر قصبہ ہاپوڑ میں سکونت اختیار کر لی تھی۔ 1841ء میں باغپت کے کوتوال مقرر ہوئے اور 1857ء کی تحریکِ آزادی میں شاہ مل جاٹ اور بہادر شاہ ظفرؔ کے درمیان رابطہ کار تھے۔ وزیر خاں وزیرؔ کثیر التصانیف شاعر گزرے ہیں، جن کے تین شعری مجموعوں کے بارے میں اب تک پتہ چل سکا ہے۔ کلیدِ نجات اور نیازِ وزیر مطبع شگوفۂ فیض میرٹھ سے شائع ہوئے تھے جب کہ تیسرے شعری مجموعہ "رموزِ عاشقاں" کی قطعہ تاریخ رنج میرٹھی نے کہی ہے جس سے سنہ 1302ھ برآمد ہوتا ہے۔

وزیر خاں وزیرؔ نے کلیدِ نجات کے دیباچہ میں 1857ء کے انقلاب کے جو حالات قلم بند کئے ہیں وہ ہماری آزادی کی لڑائی کی تاریخ کا ایک قیمتی سرمایہ ہیں کیونکہ نہ صرف

وہ 1857ء کے انقلاب کے عینی شاہد تھے بلکہ دلی کی گرفتاری کے واقعات انہوں نے نہایت دیانت داری سے تحریر فرمائے ہیں۔

رنج میرٹھی نے " قطعہ تاریخ پنشن یعنی تعین وظیفہ تا حیات ترک ملازمت گورنمنٹ قیصر ہند " کہا ہے جو کلیدِ نجات میں صفحہ 41 پر درج ہے۔

وہ محمد وزیر خاں صاحب

نیک ذات وصفات نیک چلن

دوست بے ریا و بے کینہ

غم گسار و شریک رنج و محن

خوش معاشوں کے دوست یکتا

بد معاشوں کی جان کے دشمن

دل سے ناگاہ ملازمی نے کہا

ساعتِ نیک میں ملی پنشن

1883ء

عبد الطیف نے 1857ء کا تاریخی روزنامچہ لکھا ہے کہ "یکایک میرٹھ کی زمین شور و شر سے (جو دہلی سے تیس کردہ کے فاصلے پر ہے) ایک تیز آندھی چلی اور اس سے فتنہ و آشوب کا ایک غبار اٹھا اور چشمِ زدن میں دنیا اور دنیا والوں کو تہہ و بالا کر ڈالا۔ عجیب غبار تھا کہ سرکار انگریزی کی ہندوستانی فوج کا کوئی آدمی ایسا نہ تھا جس نے ہندوستان کی زمین تاریک پر بغاوت کا ارادہ نہ کیا ہو اور نئے انداز کی ایسی ہوا چلی کہ حکومتِ انگلشیہ کے لشکر کا کوئی تنفس زیرِ آسمان ایسا نہ تھا جو مخالفت پر آمادہ نہ ہو گیا ہو۔ اولاً اس کے سپاہی جو میرٹھ میں مقیم تھے، کیا ہندو اور کیا مسلمان، سب نے کارتوس کے بہانے سے اپنے۔۔۔۔ ولی

نعمت کے احسان کو فراموش کر دیا اور نمک حرامی پر کمر باندھی اور مصمم ارادہ کر کے طلسم وتعدی کا ہاتھ آستین سے نکالا اور قتل وغارت گری کے لئے تیار ہو گئے اور حکام فوج کو ہلاک کیا اور ان کے اہل و عیال کو بھی جہاں تک بس چلا زندہ نہ چھوڑا۔ دو دن تک "دوسروں" کو قتل و برباد کرتے رہے۔ گھروں میں آگ لگائی اور خبر رسانی کا راستہ بند کر دیا بعدۂ دہلی کا عزم کیا۔

16/ رمضان 1273ھ مطابق 11/ مئی 1857ء یوم دو شنبہ کو انگریزی لشکر جو شاہ جہاں آباد سے مشرق کی جانب ڈھائی کوس کے فاصلے پر ہے، گھوڑوں پر سوار ہو کر آ پہنچے اور 38، 54 اور 74 نمبر کی فوجوں کی سازش سے، جو اس مقام پر متعین تھیں، بے ہودہ ارادہ کیا اور انگریز فوجی اور ملکی حکام میں سے جس کو بھی تیغ پایا تہہ تیغ کر دیا اور پھر شہر کا رخ کیا اور دفتروں میں آگ لگا دی۔ جیل کے دروازے کھول کر قیدیوں کو آزاد کر دیا اور اس دیار کے قرب وجوار کے بدمعاشوں اور دیہاتیوں کی ایک ایک جماعت پر ایسا جنون سوار ہوا کہ اہلِ لشکر کی ہمراہی میں لوٹ مار کے لئے چل دئے اور سرِ راہ لوٹ مار کی اور اس گروہ کے آدمی تیغ و تفنگ لے کر ہر کوچہ اور ہر بازار میں قتل و غارت گری کے لئے درندوں کی طرح چکر لگاتے تھے، دوڑتے تھے اور پکڑ پکڑ کر مارتے تھے۔ مختصر یہ کہ جسے انگریزی لباس میں پاتے تہہ تیغ کر دیتے تھے۔ یہاں تک کہ تمام مذاہب کی تعلیم کے لئے سراسر۔۔۔۔۔۔ ان کی عورتوں اور بچوں کو بھی نہیں چھوڑتے تھے۔ شہر کے شرفاء ان سیاہ کاروں اور بد ذاتوں کے شور و شر اور جور و ستم سے پریشان اور مبہوت ہو کر نالہ و فریاد کرنے لگے۔

عبد الطیف کہتے ہیں کہ نمک حرام، بد انجام لشکر نے میرٹھ اور دہلی میں چاروں طرف لڑائی جھگڑا اور کشت وخون کیا اور چنگیز خاں کے آئینِ خون ریزی کو اختیار کیا۔

لوگ جوق در جوق دہلی میں آکر قلعہ معلیٰ میں پناہ گزیں ہونے پر ناز کرتے تھے۔ جب لوگ شہر میں داخل ہوئے تو وہ بد نہاد جنگ جو شور و شغب کرتے اور عجب ہنگامہ برپا کرتے تھے"۔29

مرزا غالب نے 1857ء کے حالات اور حادثات پر ایک کتاب فارسی زبان میں دستنبو لکھی جس میں غالب انگریز کی زبان سے بولے ہیں اور انہوں نے مصلحت کے قلم سے اسے لکھا ہے۔ مرزا اسد اللہ خاں غالب نے انگریزوں کے مظالم اور ان کی بے رحمی اور سفاکی کا تاثر ہلکا کرنے کی ایک صورت یہ بھی نکالی کہ "باغی" سپاہیوں کے طرزِ عمل کو حاشیہ آرائی کے ساتھ بڑھا چڑھا کر بیان کیا:

"16 رمضان 1273ھ مطابق 11/ مئی 1857ء کو علی الصباح یکایک دلی کی شہر پناہ اور قلعہ کے در و دیوار میں زلزلہ پیدا ہوا۔ یعنی میرٹھ چھاؤنی سے کچھ باغی سپاہی بھاگ کر دلی آئے۔ سب کے سب بغاوت پر کمر بستہ اور انگریزوں کے خون کے پیاسے تھے۔ شہر پناہ کے محافظوں نے جو باغیوں کے ساتھ ہم پیشہ ہونے کی وجہ سے قدرتاً ہمدردی رکھتے تھے اور جو ممکن ہے پہلے سے ان کے ساتھ عہد و پیماں بھی کر چکے ہوں، دروازے کھول دئے اور حق نمک اور حفاظت شہر کو بالائے طاق رکھ کر ان ناخواندہ یا خواندہ مہمانوں کا خیر مقدم کیا۔ ان سبک عنان سواروں اور تیز رفتار پیادوں نے جب شہر کے دروازوں کو کھلا ہوا اور دربانوں کو مہمان نواز پایا تو دیوانہ وار ہر طرف دوڑ پڑے اور جہاں جہاں انگریز افسروں کو پایا قتل کر ڈالا اور ان کی کوٹھیوں میں آگ لگا دی۔ اہل شہر کو، جو سرکار انگریزی کے نمک خوار تھے اور حکومت انگریزی کے سائے میں امن و امان کے ساتھ زندگی بسر کر رہے تھے۔ ہتھیار سے بے گانہ، تیر و تبر میں بھی امتیاز نہ کر سکتے تھے۔ نہ ہاتھ میں تیر رکھتے تھے نہ شمشیر۔ سچ پوچھو تو یہ لوگ صرف اس مطلب کے ہرگز نہ

تھے کہ جنگ و جدل کے واسطے کمر بستہ ہوں۔ ان غریبوں نے اپنے آپ کو اس آفت ناگہانی کے آگے عاجز اور بے بس پایا۔ اس لئے گھروں کے اندر غم اور ماتم میں بیٹھ رہے۔ بندہ بھی انہیں ماتم زدگان میں سے ہے۔ چشم زدن میں صاحب ریجمنٹ بہادر کے قلعے میں مارے جانے کی خبر آئی۔ معلوم ہوا کہ سوار اور پیادے ہر گلی کوچے میں گشت لگا رہے ہیں۔ پھر تو کوئی جگہ ایسی نہ تھی جو گل اندا موں کے خون سے رنگین نہ ہو۔ انگریزوں کے پاس علاوہ دلی میں سوائے اس پہاڑی کے جو شہر میں واقع ہے، اور کچھ باقی نہ رہا۔ چنانچہ اہل دانش نے اسی جائے تنگ میں دمدمے اور مورچے بنائے اور ان پر زبردست توپیں لگائیں۔ دیسیوں نے بھی جو توپیں میگزین سے اڑائی تھیں ان کو لے جا کر قلعے میں نصب کیا اور دونوں جانب سے گولہ باری شروع ہوئی۔"30

انگریزی سرکار کے مخبر چنّی لال نے 12/ مئی سے 20/ مئی 1857ء کے واقعات پر ایک روزنامچہ میں 17/ مئی سے متعلق میرٹھ کے بارے میں لکھا ہے کہ دو ہرکارۂ شاہی میرٹھ سے واپس آئے اور خبر کی قریب ایک ہزار فرنگی مرد اور عورت اور بچہ صدر بازار میں جمع ہو کر رہتے ہیں اور سورج کنڈ پر توپیں چڑھا کر مورچہ قائم کیا ہے اور بیان کیا کہ گوجروں نے میرٹھ اور سلیم پور کے بیچ میں بڑی لوٹ مچا رکھی ہے۔ اس واسطے بادشاہ نے دو کمپنیوں کو پل جمن پر تعین کیا۔

19/ مئی سے متعلق چنّی لال لکھتا ہے کہ "19/ مئی 1857ء روز سہ شنبہ بادشاہ دیوانِ عام میں برآمد ہوئے۔ دو سوار میرٹھ سے آئے۔ انہوں نے بیان کیا کہ بریلی اور مرادآباد سے فوج و پیادگان اور سوار مع توپ خانہ اور خزانہ کثیر میرٹھ میں پہنچے۔ ان سے انگریزوں نے فریاد کی کہ میرٹھ کی فوج نے نمک حرامی کر کے اور افسروں کو قتل کر کے دہلی کی طرف راہ لی فوجِ بریلی اور مرادآباد نے انگریزوں کو جواب دیا کہ اس کا عوض تم

نے تین سو سفر منیا کی پلٹن کے سپاہی مار کے لے لیا۔ یقین ہے کہ تم ہم سے بھی ایسا ہی سلوک کروگے۔ یہ سن کر انگریز اپنے مورچہ گاہ میں چلے گئے اور فوج پر گولہ اندازی شروع کی فوج نے بھی مورچہ جما کے گولے مارنے شروع کئے۔ خدا کی قدرت سے ایک گولہ اس سرنگ میں جو فرنگیوں نے کھودی تھی جا پڑا اور سرنگ کے اڑتے ہی تمام فرنگیوں کا مورچہ اڑ گیا اب کوئی فرنگی میرٹھ میں باقی نہیں رہا۔ یہ سن کر فوج اور بادشاہ کو نہایت خوشی حاصل ہوئی۔ 31

میرزا حیرت دہلوی نے "چراغِ دہلی" کے عنوان سے اپنی تصنیف میں بہادر شاہ ظفر کے خلاف مقدمے میں حکیم احسن اللہ خاں کے بیان کو نقل کیا ہے کہ "دہلی کی رجیمنٹ کے افسروں کی گفتگو سے میں سمجھ گیا تھا کہ دہلی اور میرٹھ کے رسالوں میں کامل اتفاق ہے۔ چٹھیاں اور حکم جو دیگر چھاؤنیوں کی رجمنٹوں کو بھیجے گئے ان میں کبھی ان کے وعدے کا حوالہ نہیں دیا گیا صرف یہ مضمون ہوتا تھا کہ فلاں رجمنٹیں آگئی ہیں اور کیا تم بھی آؤ گے۔ میری رائے میں باغی دہلی میرٹھ سے محض ان وجوہ سے آئے (1) دہلی میرٹھ سے قریب تھا اور دہلی اور میرٹھ کے رسالہ ہم خیال تھے (2) دہلی میں میگزین وغیرہ بہت تھا (3) دہلی میں شہر پناہ تھی اور محافظت خوب ہو سکتی تھی (4) بادشاہِ دہلی فوج نہ ہونے کی وجہ سے نہتّا تھا (5) بادشاہ کے پاس خواہ ہندو خواہ مسلمان رئیس جمع ہونے میں اپنا فخر سمجھیں گے۔

لال قلعہ پر تعینات والنٹیر رجمنٹ کے افسر بآواز بلند کہہ رہے تھے کہ "میرٹھ کے سوار تو آگئے ہیں پیدل رجمنٹیں پیچھے آ رہی ہیں"۔

حکیم احسن اللہ خاں کا یہ بھی کہنا تھا کہ کچھ باغی افسروں نے بادشاہ سے کہہ کر دہلی کے قرب وجوار کے دو گوجروں کو ایک ڈھول اور ایک لکڑی دلوا دی تھی اور وہ انگریزی

کیمپ کی رسد لوٹنے میں شریک ہو گئے تھے۔ اسی طرح سکندرہ، ضلع بلند شہر کے قرب و جوار میں ایک راؤ کو بھی ایک ڈھول اور ایک لکڑی اس غرض کے لئے دی گئی تھی"۔32

مغلیہ سلطنت کے زوال کے بعد انگریز اپنے ساتھ صرف سامراجی تسلط ہی نہیں بلکہ مغربی تہذیب، طرزِ زندگی اور معاشی بحران بھی لائے۔ ہندوستان کے لئے عام طور سے اور مسلمانوں کے لیے خاص طور سے یہ ایک نیا حادثہ اور تجربہ تھا۔ انگریز انتقام کی آگ میں مسلمانوں کے نظامِ تعلیم و تربیت کو ہی نہیں بلکہ ان کے دینی و معاشرتی اور تہذیبی ڈھانچے کو ہی منہدم کرنا چاہتے تھے۔

ہندوستانی مسلمانوں نے اجتماعی طور سے یہ محسوس کر لیا تھا کہ انگریزی حکومت میں ان کی ترقی و کامیابی کا کوئی راستہ نہیں ہو گا جب تک کہ وہ خود اس کی عملی تدبیر نہ کریں۔ اس دور کے قائدین نے مسلمانوں کے مرض کی الگ الگ تشخیص کی اور الگ الگ نسخہ تجویز کیا۔ کسی نے جدید تعلیم کا نسخہ اپنایا، کسی نے قدیم نظامِ تعلیم پر مبنی درسگاہوں کے قیام کو ترجیح دی، کسی نے براہِ راست سماجی و معاشی اصلاح کے منصوبے مرتب کئے تو کسی نے سیاسی و قومی مسائل سے نمٹنے کے لئے انقلابی تحریکیں برپا کیں، کسی نے احیائے خلافت کا ہتھیار آزمایا تو کسی نے اصلاحِ امت و دعوتِ اسلامی کے مقاصد کی تکمیل کے لئے مستقل بنیادوں پر اقامتِ دین اور احیائے حکومت الاہیہ کا نعرہ بلند کیا۔

یہ بھی محض اتفاق تھا کہ اس وقت سر سید احمد خاں اور مولانا قاسم نانوتوی دونوں میرٹھ میں موجود تھے۔ سر سید احمد خاں نے اسباب بغاوتِ ہند لکھ کر انگریزوں کی پالیسیوں کو ذمہ دار قرار دیا تو مولانا قاسم نانوتوی نے جہاد کا راستہ چنا۔ مظفر نگر ضلع کے پرگنہ کیرانہ و شاملی میں مولانا قاسم نانوتوی، بانیِ دارالعلوم دیوبند، مولانا رحمت اللہ کیرانوی، بانی مدرسہ صولتیہ مکّہ معظمہ، حاجی امداداللہ مہاجر مکّی، مولوی عبدالحکیم اور

چودھری عظیم الدین نے شاملی تحصیل پر حملہ کیا اور انگریزوں کے خلاف جہاد کیا۔ مولانا رحمت اللہ کیرانوی نے اس جہاد کی قیادت کی اور مسلمانوں، گوجروں اور شیخوں کی بستی میں نقاروں کی آواز پر اعلان ہونے لگا۔

"ملک خدا کا اور حکم مولوی رحمت اللہ کا"

مولانا قاسم نانوتوی اس جہاد میں زخمی بھی ہوئے اور مولانا کیرانوی کو باغی قرار دے دیا گیا اور ان کی زمین و جائیداد کو ضبط کر لیا گیا33۔ 30/جون 1857ء کو مولانا رحمت اللہ کیرانوی بغاوت سے متعلق صلاح و مشورہ کرنے کی غرض سے دلی میں مغل بادشاہ بہادر شاہ ظفر سے ملے تھے34۔ کسی طرح سے وہ مکّہ معظمہ جانے میں کامیاب ہو گئے جہاں انہوں نے بنگال کی صولت النسأ کے مالی تعاون سے مدرسہ صولتیہ قائم کیا۔ 75سال کی عمر میں 24رمضان 1308ھ میں مدینہ میں وصال ہوا اور وہیں مدفون ہوئے۔35

عیسائیوں نے جب ہندوستان پر قبضہ کیا تو انہوں نے اپنا پہلا اور سب سے بڑا دشمن مسلمانوں کو ہی سمجھا کیونکہ مسلمانوں سے ان کی عداوت موروثی تھی۔ صلیبی جنگوں میں ان کی ناکامیاں ایک ایسا زخم ہے جو آج تک انہیں مسلمانوں سے انتقام لینے پر اکساتا رہتا ہے۔ فلسطین، عراق، لیبیا اور افغانستان اس کی تازہ مثالیں ہیں۔

سرسید کے بڑے ماموں نواب وحید الدین خاں جو عصر کی نماز پڑھ رہے تھے، کسی سپاہی نے عین نماز کی حالت میں ان کو گولی مار دی اور وہ شہید ہو گئے۔ اسی طرح سرسید کے ماموں زاد بھائی مولانا ہاشم کو بھی انگریزوں نے شہید کر دیا اور سرسید کی والدہ عزیز النسائ بیگم اپنی نابینا بہن کے ہمراہ حویلی چھوڑ کر اپنی نوکرانی کی کوٹھری میں چھپ گئیں اور گھوڑے کے دانے پر کئی دن تک بسر کی اور پیاس سے بے حال تھیں۔ تبھی

سرسید ان کو دلّی سے میرٹھ لے آئے اور اس صدمے سے ان کا انتقال ہو گیا اور میرٹھ کے قبرستان میں ان کی تدفین کر دی گئی۔ اس حادثہ کا ذکر سرسید نے سیرتِ فریدیہ میں بہت تفصیل سے کیا ہے اور مولوی الطاف حسین حالی نے حیاتِ جاوید میں بھی اس واقعہ کا ذکر کیا ہے 36۔ مولوی سمیع اللہ کے سوانح نگار مولوی ذکاء اللہ خاں نے اس واقعہ کا ذکر بڑی تفصیل سے کیا ہے۔37

1857ء کی بغاوت کے نتیجہ میں برطانوی ظلم اور زیادتی سے ہونے والے ذاتی نقصان اور قومی سانحے کی طرف سرسید کے حساس مزاج نے شدید ردِ عمل کا ثبوت دیا۔ انہوں نے رسالہ اسباب بغاوتِ ہند میں میرٹھ کی فوج کو سخت سزائیں دینے پر لکھا ہے کہ "میرٹھ میں سپاہ کو بہت سخت سزا دی گئی جس کو ہر ایک عقل مند بہت برا اور ناپسند جانتا ہے۔ اس سزا کا رنج جو کچھ فوج کے دل پر گزرا بیان سے باہر ہے۔ وہ اپنے تمغوں کو یاد کرتے تھے اور بجائے اس کے بیڑیوں اور ہتھکڑیوں کو پہنے ہوئے دیکھ کر روتے تھے وہ اپنی وفاداریوں کا خیال کرتے تھے اور پھر اس کے صلہ میں جو ان کو انعام ملا تھا دیکھتے تھے اور علاوہ اس کے ان کا بے انتہا غرور جو ان کے سر میں تھا اور جس کے سبب وہ اپنے تئیں ایک بہت ہی بڑا سمجھتے تھے ان کو زیادہ رنج دیتا تھا۔ پھر سب فوج مقیم میرٹھ کو یقین ہو گیا کہ یا ہم کو کارتوس کاٹنا پڑے گا یا یہی دن نصیب ہو گا۔ اسی رنج اور غصہ کی حالت میں دسویں مئی کو فوج سے وہ حرکت سرزد ہوئی کہ شاید اس کی نظیر بھی کسی تاریخ میں نہیں ملنے کی۔ اس فوج کو کیا چارہ رہا تھا اس حرکت کے بعد بجز اس کے جہاں تک ہو سکے-------پورے کرے۔

میرٹھ کی فوج سے جو حرکت ہوئی تھی اس سے تمام ہندوستانی فوج نے یقین جان لیا تھا کہ اب سرکار کو ہندوستانی فوج کا اعتبار نہ رہا۔ سرکار وقت پا کر سب کو سزا دے گی اور

اس سبب سے تمام فوج کو اپنے افسروں کے فعل اور قول کا اعتبار اور اعتماد نہ تھا۔ سب آپس میں کہتے تھے کہ اس وقت تو یہ ایسی باتیں ہیں جب وقت نکل جائے گا تو یہ سب آنکھیں بدل لیں گے۔۔۔۔۔۔۔۔۔

ابتدائے غدر میں جب ہنڈن پر فوج کشی کا ارادہ ہوا ہے ہنوز فوج روانہ نہ ہوئی تھی کہ بعضے آدمیوں کی صاف رائے تھی کہ جس وقت دلّی پر فوج سے لڑائی شروع ہوئی بلاشبہ تمام ہندوستانی فوج بگڑ جائے گی چنانچہ یہی ہوا۔ سبب اس کا یہی تھا کہ فوج سے لڑائی شروع ہونے کے بعد ممکن نہ تھا کہ باقی فوج سرکار سے مطمئن رہتی۔ وہ ضرور سمجھتی تھی کہ جب ہمارے بھائی بندوں کو مار لیں گے تب ہم پر متوجہ ہوں گے اس لئے سب نے فساد پر کمر باندھ لی اور بگڑتے گئے۔ جن کے دل میں کچھ فساد نہ تھا وہ بھی بہ سبب شامل ہوئے فوج کے اس جتھے سے الگ نہ ہوسکے۔ ہندوستانی رعایا جانتی تھی کہ سرکار کے پاس جو کچھ ہے وہ ہندوستانی فوج ہے جب تمام فوج کا بگڑنا مشہور ہو گیا سب نے سر اٹھایا عملداری کا ڈر دلوں سے جاتا رہا اور سب جگہ فساد برپا ہو گیا۔38

سرسید نے اسباب بغاوتِ ہند میں موٹے طور پر پانچ اسباب بیان کئے ہیں (1) تجاویز حکومت سے متعلق رعایا کی غلط فہمی (2) ہندوستانی سیاسی نظام اور یہاں کے عوام کے رسم و رواج کے برخلاف اصول و قانون اور سیاسی نظام کا نفاذ (3) رعایا کے رسم و رواج، عادات و اطوار، ان کی بدحالی اور مصائب سے حکومت کی ناواقفیت (4) فوج میں بد نظمی، بے اطمینانی اور ہندو مسلم اتحاد (5) اچھی حکومت کے لئے حاکم اور رعایا میں اچھے روابط جیسے لازمی امور کا ترک کر دینا اور قانون ساز کونسل میں ہندوستانیوں کی عدم شرکت۔

اس فوجی انقلاب پر قابو پالینے کے نتیجہ میں انگریزوں کی طرف سے ہندوستانیوں پر

جو ظلم و زیادتی ہوئی اس کا کفارہ ادا کرنے کے لئے سرسید نے خود کو ملک و قوم کی خدمت کے لئے وقف کر دیا۔ اس صورتِ حال نے ایک نئے سرسید کو جنم دیا39۔ اپنے اس نئے تجربے کو سرسید نے تیس سال بعد دسمبر 1889ء میں علی گڑھ میں منعقد ہونے والے مسلم ایجوکیشنل کانفرنس کے چوتھے سالانہ اجلاس میں اس طرح بیان کیا:

"کم بخت زمانہ غدر 1857ء کا ابھی لوگوں کی یاد سے بھولا نہیں ہے۔۔۔ نامی نامی خاندان تباہ ہو گئے۔۔۔ غدر کے بعد مجھ کو نہ اپنا گھر لٹنے کا رنج تھا نہ مال و اسباب کے تلف ہونے کا، جو کچھ رنج تھا اپنی قوم کی بربادی اور ہندوستانیوں کے ہاتھ سے جو کچھ انگریزوں پر گزرا اس کا رنج تھا۔ جب ہمارے دوست مرحوم شیکسپیئر نے جن کی مصیبتوں میں ہم اور ہماری مصیبتوں میں وہ شریک تھے، بعوض اس وفاداری کے تعلقہ جہاں آباد جو سادات کے ایک نہایت نامی خاندان کی ملکیت تھا اور لاکھ روپیہ سے زیادہ کی ملکیت تھا مجھ کو دینا چاہا تو میرے دل کو نہایت صدمہ پہنچا۔۔۔۔ میں نے اس کے لینے سے انکار کر دیا۔۔۔۔۔ جو حال اس وقت قوم کا تھا مجھ سے دیکھا نہیں جاتا تھا40۔

بعض انگریز فوجی افسروں نے بھی 1857ء کے واقعات، حالات اور حادثات پر اپنے اپنے نقطۂ نگاہ سے لکھا ہے جس کی تاریخی نوعیت آج بھی ہے۔ جے اے بی پامر(J.A.B.Palmer) نے میرٹھ کے انقلاب پر اپنی تصنیف میں 24/اپریل 1857ء کو فوجی پریڈ گراؤنڈ کے حالات پر تفصیل سے روشنی ڈالتے ہوئے لکھا ہے کہ:

"24/اپریل 1857ء کو موسم گرما کے شباب کا زمانہ تھا، لوگوں کے پاس کام کم تھا اور تعطیلات کے مزے لئے جا رہے تھے۔ آرک ڈیل ولسن(Archdale Wilson) اپنے اسٹیشن سے 24/اپریل سے ہی غائب تھا اور اپریل کے اختتام تک اس کی واپسی نہیں

ہوئی تھی۔ 41اس کے علاوہ بھی لوگ تھے جو اپنی ڈیوٹی سے غائب تھے۔ واقعہ والے دن 20ویں این آئی میں کیپٹن سے اوپر رینک کا کوئی بڑا افسر موجود نہیں تھا اور ایسی صورت میں میرٹھ میں حالات کا بگڑنا نہایت حشر آمیز تھا، لیکن یہ واقعات اثرات سے خالی نہیں تھے۔ ولسن کی غیر موجودگی میں کاربائنرس کے کرنل جونس(Colonel Jones) اسٹیشن کی کمان سنبھالے ہوئے تھا جس کو ہندوستان کا کوئی تجربہ نہیں تھا۔ لیکن جب ولسن واپس آگیا تو جونس چھٹی پر چلا گیا۔ اور کرنل کسٹانس(Colonel Custance) نے ریجمنٹ کی کمان سنبھالی42۔ اس وقت اسٹیشن پر بوڑھے غریب ہیوٹ(Hewitt) کے علاوہ کوئی سینئر افسر موجود نہیں تھا اور جس سے کوئی حکم صادر کرنے سے پہلے کارمیچل اسمتھ (Carmichael Smyth) مشورہ ضرور کرتا تھا۔ اور یہی 23/اپریل کو ہوا۔

مارچ کے اختتام پر کارمیچل اسمتھ ایک کمیٹی کے صدر کی حیثیت سے میلہ میں کچھ اشیاء کی خریداری کے سلسلے میں ہردوار چلا گیا۔ اسی اثناء میں وہاں ہیضہ پھیل گیا اور اسمتھ نے وقتی طور سے مسوری میں قیام کرنا مناسب سمجھا۔ وہاں اس نے انبالہ میں ابتدائی ہنگاموں کے بارے میں سنا جو رائفل ٹریننگ کے آگے بڑھنے کے ساتھ ہی اینفلڈ کارتوسوں کے استعمال کے بعد وقوع پذیر ہوئے تھے۔ وہاں اس کی کسی سے ملاقات ہوئی جو سپاہیوں کے ایک گروپ کے ساتھ تھا، اس نے اسمتھ کو بتایا کہ گروپ میں شامل حولدار بہرامپور کے واقعات جو ملک گیر پیمانے پر مشہور ہو چکے تھے، کے حوالے سے کہہ رہے تھے کہ 'میں پچھلے 36سالوں سے ملازمت میں ہوں اور اب حولدار ہوں لیکن اگر بغاوت ہوتی ہے تو میں بھی بغاوت میں شرکت کروں گا اور پوری فوج بغاوت کرے گی'۔ اس واقعہ کا کارمیچل اسمتھ پر گہرا اثر پڑا۔ 43

13/اپریل کی رات میرٹھ میں ہنگامہ آرائی کا پہلا واقعہ نمودار ہوا۔ جس میں پانچ جھونپڑیاں خاکستر کر دی گئیں۔ان میں سے ایک جھونپڑی تیسری گھڑ سوار فوج کے ایک سوار کی تھی جس کا نام برجموہن تھا۔ برجموہن کو حوالدار میجر بنا دیا گیا تھا اور اس کے بارے میں کہا جاتا ہے کہ پسماندہ ذات سے تعلق کی وجہ سے کار میچل اسمتھ اسے غیر ضروری طور پر مدد دیا کرتا تھا۔ اس واقعہ کو عمومی طور سے تاریخ دانوں نے نظر انداز کیا ہے جس میں اس منحوس پریڈ سے قبل 13/اپریل کی رات میں برجموہن کے جھونپڑے کو خاک کر دیا گیا تھا۔ اگرچہ اس واقعہ میں بغاوت کا سب سے بڑا ثبوت موجود تھا۔ پھر بھی یہ بہت ہے کہ اس واقعہ کو میرٹھ پولیس کی ڈائری میں ریکارڈ کر لیا گیا تھا۔ بہر حال اس واقعہ کی تفصیلی رپورٹ سے معلوم ہوتا ہے کہ برجموہن کے جھونپڑے کو دو مرتبہ آگ کے حوالے کیا گیا اور تیسری بٹالین میں ایک کشیدگی کا ماحول ضرور تھا جس کا تعلق برجموہن سے تھا44۔ وہ انقلابی فوجیوں کی نقل و حرکت کے متعلق ساری اطلاعات انگریز حکام کو دیتا تھا۔

کار میچل اسمتھ 23/اپریل کو بروز جمعرات واپس میرٹھ پہنچا اور اس زمانے کے رواج کے مطابق رات میں ایک پالکی میں سوار ہو کر فوجی اسٹیشن کی طرف روانہ ہوا۔ صبح ہونے تک وہ اپنی منزل پر پہنچ گیا اور ایڈ جو ٹینٹ لفٹیننٹ میلوِلے کلارک (Melville Clarke) کو پیغام بھیجا کہ وہ اس کی رہائش گاہ پر آ کر اس سے ملے اور اس کی غیر حاضری میں رونما ہونے والے واقعات کے بارے میں پوری تفصیل سے اسے آگاہ کرے یا اسے دکھائے۔ میلوِلے نے جو ایک خاص چیز اسے دکھائی وہ پلاٹون مشق کا نظر ثانی شدہ منصوبہ تھا اور اس پر اس نے حکم کی سفارش کی۔ اس کے بعد اسمتھ نے اسی دن 23/اپریل کو تین فیصلے کئے۔

پہلا فیصلہ اس نے یہ کیا کہ اگلے روز یعنی 24 اپریل بروز جمعہ اس نے ریجمنٹ کے ان سپاہیوں کی پریڈ کا حکم دیا جن کو کارتوسوں کے استعمال پر اعتراض تھا۔ اس نے یہ بھی کہا کہ فوجی انکار توسوں کے استعمال کا مظاہرہ کریں اور ان کے سر کو منھ کے بجائے ہاتھوں سے ہی توڑ کر بندوقوں میں ڈالیں۔ مذکورہ تینوں فیصلوں میں یہ پہلا فیصلہ تھا جس سے یہ طے ہو جاتا کہ فوجیوں کا رویہ کیا ہے 45۔ دوسرا فیصلہ اس نے یہ کیا کہ کمانڈر ان چیف کے ملٹری سکریٹری کرنل کرزن کے نام اس نے ایک خط لکھا جس میں اس نے یہ اطلاع دی کہ میں نے سنا ہے کہ پوری فوج بغاوت پر آمادہ ہے اور اس نے پوری بات من و عن لکھ دی جو اس نے مسوری میں حولدار سے سنی تھی۔ اور درست تو یہی ہے کہ جو کچھ اس نے سنا تھا وہ بالکل صحیح تھا۔ بہر حال، آخر میں اس نے حولدار میجر اور اس کے خاص مخبر برجموہن کو بلا بھیجا۔ جب وہ آ گئے تو اس نے برجموہن کو ایک کارتوس چلانے کے لئے کہا۔ اسمتھ کے مطابق برجموہن نے کہا کہ فوجی مشق میں تبدیلی سے سپاہی خوش ہوں گے۔ یہ شام پانچ سے چھ کے درمیان کی بات ہو گی۔ کیونکہ اس زمانے میں انگریز افسروں کا معمول تھا کہ گرمیوں کے دنوں میں وہ صبح 9 بجے سے شام 5 بجے کے درمیان اندرون خانہ ہی قیام کرتے تھے۔ 46

معاملات کی اس ترتیب میں شک کا بھی ایک پہلو موجود ہے۔ اگر کارمیچل اسمتھ یہ جانتا تھا کہ پوری بنگال آرمی بغاوت پر آمادہ تھی، جیسا کہ اس نے کرنل کرزن کو خط میں لکھا تھا، تو اس روز پریڈ میں فائرنگ مشق کا حکم دینے سے پہلے اس نے دوبار سوچا ہوتا۔ اگر اس کو یہ یقین تھا کہ فائرنگ میں کارتوس لوڈ کرنے کا طریقہ بدل دینے سے سب کچھ ٹھیک ہو جاتا تو پھر مسوری میں سنی ہوئی ایک بکواس پر یقین کر کے اس نے کرنل کرزن کو خط نہیں لکھا ہوتا کہ پوری بنگال آرمی بغاوت پر آمادہ ہے۔ اپنے دو فیصلوں سے وہ اپنی

مستعدی اور حوصلہ کا مظاہرہ کرنا چاہتا تھا کہ اس نے اطلاع بھیجنے میں دیر نہیں اور ساتھ ہی اپنی سطح پر کارروائی بھی شروع کر دی۔ یہ محض اس کی خود پسندی یا بے وقوفی نہیں تھی بلکہ اس میں آنے والی مصیبت کا احساس بھی شامل تھا جس کو وہ چاہتا تھا کہ اسی طرح محسوس کیا جائے اور اس کے سدباب کے لئے کارروائی کی جائے۔ اس کے مشکوک ذہن کا یہ پہلو اس کی شخصیت سے بھی ہم آہنگ ہے جس کی تراش خراش اس حالت میں ہوئی تھی جن کا پیچھے ذکر کیا جا چکا ہے۔

اس میں کوئی شک نہیں ہے کہ پریڈ کا حکم دیا گیا تھا۔ برجموہن واپس فوجی خیموں کی طرف چلا گیا اور وہاں جا کر اس نے لوگوں سے کہا کہ اس نے نئے کارتوسوں کا استعمال کیا ہے اور سب لوگوں کو کل کی پریڈ میں ان کورتوسوں کو استعمال کرنا ہو گا۔ اس پر دو مسلمان نائکوں، پیر علی اور قدرت علی نے اپنے ساتھیوں سے کہا کہ انکارتوسوں میں چکنائی کے لئے گائے اور سور کی چربی کا استعمال کیا گیا ہے اور اگر ہم لوگوں نے اس کو استعمال کیا تو سب کا دھرم بھرشٹ ہو جائے گا۔ اس کے بعد تمام لوگوں نے (ہندوؤں نے گنگا میّا کی اور مسلمانوں نے قرآن کی قسم کھا کر) عہد کیا کہ وہ انکارتوسوں کا استعمال نہیں کریں گے جب تک کہ ہر ریجمنٹ سے اس سلسلے میں بات نہ ہو جائے۔ اس سلسلے میں جو شواہدات موجود ہیں وہ مشکوک ہیں۔ برجموہن نے نئے کارتوسوں کا استعمال نہیں کیا تھا لیکن اس نے فتنہ برپا کرنے کے لئے جھوٹ بولا۔ دوسری طرف کارتوسوں کا استعمال نہ کرنے کے سلسلے میں جو قسمیں کھائی گئیں تھیں ان میں جن تین لوگوں کا نام سب سے پہلے آتا ہے وہ ہندو تھے لیکن اس کا بھی الزام ان دو مسلمانوں کے سر منڈھ دیا گیا جنھوں نے پریڈ کے دوران سب سے پہلے کارتوسوں کا استعمال کرنے سے انکار کیا۔ ہاں، اس شب کو ریجمنٹ میں فوجیوں کے درمیان انگریزوں کے خلاف تعصب کا احساس

پیدا ہو چلا تھا جس کے وافر ثبوت موجود ہیں۔47

24/اپریل کو جمعہ کے دن صبح کو فوجی پریڈ کا حکم دیا گیا اور 90 میں سے 85 جوانوں نے جب کارتوس کے استعمال کرنے کو منع کر دیا تو فوجی افسر کرنل اسمتھ نے اسے ڈسپلن شکنی سے تعبیر کیا تبھی اس نے حولدار میجر بخش علی کو کاربائن سے گولی چلانے کا حکم دیا جو اس نے پورا کیا۔ اس طرح 90 میں سے صرف پانچ فوجیوں نے کرنل اسمتھ کے حکم کی تعمیل کی جن میں تین مسلمان اور دو ہندو تھے۔ اس پر بقیہ ہندوستانی فوجیوں کے خلاف سنیچر کے دن 25/اپریل کو کورٹ آف انکوائری شروع ہوئی جو سات کمیشنڈ افسروں پر مشتمل تھی جن میں چار بیسویں این آئی اور تین ایل سی کے افسران تھے۔

ان افسران میں کپتان میکڈونلڈ (Macdonald) اور کپتان ارل (Earle) کے علاوہ ڈپٹی جج ایڈووکیٹ جنرل میجر ہیریئیٹ (Harriott) بھی موجود تھے۔ کارمیچل اسمتھ نے سب سے پہلے اپنی گواہی دیتے ہوئے ان ہندوستانی فوجیوں کو سخت سزا دینے کی اپیل کی۔ کورٹ آف انکوائری اس نتیجہ پر پہونچی کہ ہندوستانی فوجیوں میں افواہیں پھیلائی گئی ہیں جس کے نتیجہ میں وہ باغی ہو گئے ہیں اور اس کی جانچ کو شملہ میں موجود جج ایڈووکیٹ جنرل کیتھ ینگ (Keith Young) کے پاس سفارش کے ساتھ بھیجا گیا کہ ان کا کورٹ مارشل کیا جائے جسے کیتھ ینگ (Keith Young) نے منظور کر لیا۔48

کورٹ مارشل کی خبر سے ہندوستانی فوجیوں میں غم و غصہ کی لہر دوڑ گئی اور انہوں نے افسروں کے بنگلوں کو نذر آتش کرنا شروع کر دیا۔ فوجی گوداموں کو آگ لگائی گئی اور 7/مئی کو رات بھر گولیاں داغی گئیں۔ کوارٹر ماسٹر سارجنٹ کے خالی بنگلہ کو بھی نہیں بخشا اور پرانے ہسپتال کو بھی آگ کے حوالے کر دیا گیا49۔

کرنل کیتھ ینگ (Keith Young) کی اہلیہ نے سر ہنری ڈبلیو نورمن کے ساتھ

"دلی1857ء" کے عنوان سے ایک ڈائری لکھی ہے جس میں انہوں نے اپنے شوہر کی ڈائری میں لکھے خطوط شامل کئے ہیں۔ 27/اپریل کو شملہ میں کرنل کیتھ ینگ (Keith Young) لکھتے ہیں کہ جس طرح حولدار (برج موہن) کی جھونپڑی جلائی گئی اس کو باغی سپاہیوں کی ایک منظم سازش قرار دیتے ہوئے اس طرح کی وارداتوں کو روکنے کے سخت احکامات دئے تھے۔50

کرنل کیتھ ینگ (Keith Young) 2/مئی کو کرنل ایچ بی ہینڈرسن(Colonel H.B.Henderson) کو لندن لکھے اپنے خط میں کہتا ہے کہ میر ٹھ کے ان فوجیوں کی نافرمانی پر ان کا جنرل کورٹ مارشل کر دیا گیا ہے اور بعض کو سولی پر بھی چڑھا دیا گیا ہے۔ یہ فوجی اگر اس طرح کی حرکت دوبارہ کرتے ہیں تو میر ٹھ میں تعینات تمام فوجی افسران کو احکامات دے دئے گئے ہیں کہ ان کے خلاف سخت اقدامات کئے جائیں اور ان کی سرکشی کو ہر حالت میں روکا جائے۔ میرے بزرگ سر چارلس نیپئیر(Sir Charles Napier)موقعہ پر موجود رہیں گے تاکہ کسی بھی ہنگامی حالات کا پوری قوت کے ساتھ مقابلہ کیا جاسکے 51۔

مسز کیتھ ینگ14/مئی کو شملہ سے اپنی بہن کو لندن میں میر ٹھ کی صورتِ حال سے مطلع کرتی ہیں کہ انبالہ سے کپتان برنارڈ گھوڑے پر سوار ہو کر شملہ میں جنرل اینسن (Ansan)، کمانڈر ان چیف کو اطلاع دینے آئے ہیں کہ میر ٹھ سے دلی کے لئے ٹیلیگرام کی لائن10/مئی سے کاٹ دی گئی اور میر ٹھ شہر پوری طرح سے باغیوں کے نرغے میں ہے اور کشتیوں کے پل پر بھی باغیوں کا قبضہ ہے اور کئی افسروں کو ہلاک کر دیا گیا ہے۔

اسی خط میں وہ آگے لکھتی ہیں کہ میر ٹھ کے کپتان واٹر فیلڈ کا ایک دستی پیغام لے کر ایک قاصد آیا ہے جس میں کہا گیا ہے کہ بجلی کے تار کاٹ دئے گئے ہیں اور فوجی اسٹیشن

چاروں طرف سے جل رہا ہے، کئی فوجی ہلاک کر دئے گئے ہیں۔ ان باغیوں نے یوروپین فوج کے چرچ سے لوٹنے پر حملہ کر دیا ہے اور دلی کی طرف کوچ کر شام پانچ سے چھ کا بگڑنا مشہو گئے ہیں۔ میرٹھ سے کوئی اطلاع نہیں موصول ہو رہی ہے یہ بہت ہی بری علامت ہے۔

گزشتہ شب دلی سے ایک خبر آئی تھی کہ دلی کی فوج نے بھی بغاوت کر دی ہے۔ دریا کے کنارے پر واقع میگزین پر قبضہ کر لیا ہے اور دلی کے بادشاہ کا اقتدار بحال کر دیا ہے۔ ہم نے یہ بھی سنا ہے کہ دلی کے جج فریزر (Fraser)، کپتان ڈگلس، مسٹر برس فورڈ، کرنل ریلے اور دوسرے افسروں کو بھی قتل کر دیا گیا ہے۔ کیا یہ لمحۂ فکریہ نہیں ہے؟ یہ اسی خاتون کے خطوط ہیں جو آگ اور خون کا کھیل خود اپنی آنکھوں سے دیکھ رہی تھی۔

اسی خط میں وہ یہ بھی لکھتی ہیں کہ ہندوستان کے فوجیوں اور عوام میں یہ احساس پیدا کر دیا گیا ہے کہ ہماری سرکار انہیں عیسائی بنا رہی ہے اور کارتوس میں چربی کا استعمال کیا جا رہا ہے۔ کئی ماہ قبل میری آیا نے مجھے بتایا کہ اسے پتہ چلا کہ کھانے کے آٹے میں سؤر اور چربی کی ہڈیوں کا برادہ ملایا جا رہا ہے۔ میں نے اس سے کہا کہ یہ کیا بکواس ہے کس نے تم سے کہا؟ تب اس نے جواب دیا کہ "یہ حقیقت ہے" بازار کے تمام لوگوں نے اسے بتایا۔ تب مجھے لگا کہ شاید بنیا آٹے میں کچھ ملا کر اپنا وزن بڑھا رہا ہو۔ وہ لکھتی ہیں کہ میرٹھ میں جنرل ہیوٹ کا مکان بھی جلا دیا گیا ہے اور میرٹھ کے کمشنر مسٹر گریتھیڈ (Greathed) اپنے نوکر کے مکان کے ایک کونے میں چھپ کر اپنی جان بچا رہے ہیں۔52

اس تاریخی واقعہ کو ڈاکٹر راہی معصوم رضا نے اپنی طویل رزمیہ نظم اٹھارہ سوستاون میں پیش کیا ہے۔53

مئی اگارہ کے دن کو تھا میرٹھ میں سنّاٹا

سورج نے ہر راہ پہ دیکھا انگریزوں کا لاشا
چار دشاؤں میں میرٹھ کے تھا بس خون خرابہ
چوہے کی بل تک میں گھسنے کو انگریز نے سوچا
ساری اکڑ فوں نکل گئی ایک دن میں بس انگریزوں کی
سنو بھائیو! سنو بھائیو! کتھا سنو ستاون کی

میرٹھ کے ان حالات اور واقعات کی اطلاع دینے کے لئے میرٹھ پولیس کا ایک پیغام لے کر ایک سوار دلی انگریز حکام کے پاس بھیجا گیا۔ معین الدین خاں نے لکھا ہے کہ فریزر (Fraser) کو رات میں میرٹھ سے ایک چوکیدار نے ایک خط دینے کی کوشش کی مگر وہ کھانا کھانے کے بعد اپنی کرسی پر سو گئے تھے۔ ان کے ملازم نے جب انہیں جگا کر یہ خط دینے کی کوشش کی تو وہ اس پر بری طرح ناراض ہوئے اور خط کو بغیر پڑھے اپنی جیب میں ڈال لیا۔ 54 سائمن فریزر دلی کے کمشنر اور نورتھ ویسٹ پروونیس کے لیفٹیننٹ گورنر کے ایجنٹ تھے اور کشمیری گیٹ سے ایک کلومیٹر کے فاصلے پر واقع لڈلو کاسل میں رہتے تھے۔ 55

9 مئی کی رات کو کرنل کارمیچائل اسمتھ (Carmcheal Smyth) نے اپنے بنگلہ پر رات کو کھانے کی دعوت کا اہتمام کر رکھا جس میں سرجن میجر کرسٹی (Christie) اور مویشی ڈاکٹر فلپس (Philips) کو مدعو کر رکھا تھا کہ شام کو چھ بجے کے قریب جب عشائیہ ختم ہو رہا تھا تبھی میجر جے ایف ہیریئٹ (Harriott) ڈپٹی جج ایڈووکیٹ جنرل آئے اور انہوں نے خبر دی کہ میکڈانلڈ نے انہیں بتایا کہ بازار میں لوگ جمع ہو رہے ہیں اور بیسویں فوجی چھاؤنی لائنس میں بھی لوگ قطار بنائے موجود ہیں اور

شام چھ بجے کے بعد گولیاں داغنے کی آوازیں آنا شروع ہو گئیں۔ تبھی اسمتھ نے ہیریئٹ کو اپنی بگھی میں سوار کرا کر رخصت کر دیا۔ میجر کرسٹی اور فلپس دوسری بگھی میں سوار ہو کر رخصت ہو گئے۔

میجر فیئرلی(Fairlie)اور لیفٹیننٹ میل وِلے کلارک(-Malville Clarke) کو کارمیچائلا سمتھ نے طلب کیا اور ان سے کہا کہ وہ گھوڑے تیار رکھیں اور گشت شروع کر دیں۔ اسمتھ ایک ہفتہ کے لئے فیلڈ آفیسر کے فرائض انجام دے رہے تھے۔ انہوں نے جمعدار امان سنگھ اور حولدار میجر برجموہن کی طلبی کی اور بتایا کہ انہیں اطلاع ملی کہ رجمنٹ کے حالات خراب ہو رہے ہیں۔ گف نے بتایا کہ ایک کرنل کا قتل بھی کر دیا گیا ہے اور وہ کسی طرح اپنی جان بچانے میں کامیاب ہوئے ہیں۔ تبھی جمعدار امان سنگھ اور حولدار میجر برجموہن رجمنٹ پہونچے اور ان سپاہیوں کو سخت وارننگ دی۔ جب وہ وہاں پہونچے تبھی ان انقلابی سپاہیوں نے یوروپین اسٹاف کے خلاف گھیرابندی شروع کر دی اور اسمتھ اپنے دو اردلیوں کے ہمراہ کمشنر مسٹر گریتھیڈ(Greathed)کے بنگلہ پر پہونچے جہاں تعینات عملے نے بنگلہ کا دروازہ بند کر دیا مگر وہ کسی طرح بنگلہ میں داخل ہونے میں کامیاب ہو گئے۔ انہیں بتایا گیا کہ کمشنر اپنی رہائش گاہ پر موجود نہیں ہیں جب کہ حقیقت میں وہ اس رات کو اپنے بنگلہ میں اپنے ملازم کے مکان کی چھت کے اوپر چھپے ہوئے تھے۔ اس کے بعد مسٹر اسمتھ ہیوٹ(Hewitt)کے بنگلہ پر آئے مگر انہوں نے پایا کہ وہ بھی اپنے مکان پر نہیں ہیں۔ تب وہ بر گیڈیئر کمپاؤنڈ پہونچے جہاں گولیاں چل رہی تھیں 56۔ کمانڈر ان چیف سر پیٹرک گرانٹ (Patrick Grant)نے میرٹھ ڈویژن کے کمانڈر جنرل ہیوٹ کو اپنے فرائض میں لاپرواہی برتنے اور اعلیٰ حکام کو صحیح صورت حال سے مطلع نہ کرنے کے الزام میں 28/جون 1857ء کو سبکدوش کر دیا۔ ان

پر میدانِ جنگ میں دیر سے آنے اور ڈھیلے ڈھالے ڈھنگ سے باغیوں کا پیچھا کرنے کا الزام بھی عائد کیا گیا تھا۔

جب کچھ افسر پریڈ گراؤنڈ پہونچے اور ان انقلابی فوجیوں کو سمجھانے بجھانے کی کوشش کی تبھی ان فوجیوں کا ایک گروہ انگریز افسروں کے بنگلوں کی طرف روانہ ہو گیا۔ فوجی انقلابیوں کا ایک گروہ جن کی تعداد تقریباً پچاس تھی پریڈ گراؤنڈ سے نئی جیل کی طرف کوچ کر گئے تاکہ اپنے ساتھیوں کو رہا کرایا جا سکے 57۔ کچھ لوگ سورج کنڈ کی طرف چل دئے۔ کچھ جوان کمبوہ گیٹ سے داخل ہو کر شاہ پیر گیٹ کی طرف روانہ ہوئے۔ وہ شہریوں سے اپیل کر رہے تھے کہ مذہب کی اس جنگ میں ان کے ساتھ شامل ہوں۔ میجر ولیمس نے اپنی گواہی میں کہا کہ 10؍ مئی کی رات کو نہ صرف شہر کے شہری بلکہ قرب و جوار اور دور دراز کے گاؤں کے لوگ بھی بھیڑ میں شامل ہو گئے جس میں گوجروں کی تعداد حیرت انگیز تھی۔ 58

میرٹھ میں اس رات ہتھیار بند دیہی لوگوں کی بڑی تعداد میں موجودگی اس حقیقت کی طرف اشارہ کرتی ہے کہ ان کی شہر میں موجودگی کی اصل وجہ یہ بھی تھی کہ یہ آزادی کے لئے ایک منظم تحریک تھی جس میں فوجیوں کے ساتھ میرٹھ کے عوام برابر شریک تھے اور بعض خفیہ نمائندے ضرور تھے جو ہر دم کے واقعات پر گہری نظر رکھے ہوئے تھے۔ 59

میرٹھ کی پرانی جیل سے 720 قیدی رہا کرا لئے گئے وہ تقریباً سات بجے کے بعد ہی چھڑائے گئے۔ جیسا کہ جیل داروغہ محمد اشرف بیگ نے کہا کہ تقریباً سات بجے تین چار سو فوجیوں نے آ کر اس سے چابیاں مانگیں جو اس نے نہیں دیں اور وہ وہاں سے بھاگ گیا۔ اس کے بعد جیل سپرنٹنڈنٹ بھی بغیر کسی مزاحمت کے جیل سے چلے گئے تبھی فوجیوں

نے ایک دروازے اور بیرک کو توڑ کر قیدیوں کو آزاد کرالیا۔60

1857ء کے اس ہنگامہ کو ایک قومی تحریک کا روپ دینے کے لئے گاؤں گاؤں میں پنچایتیں ہونے لگیں۔ موضع کاٹھ جو سہارنپور اور دلی شاہراہ پر باغپت سے دلی جانے والی سڑک پر واقع ہے، وہاں سب سے پہلے ہزار آدمیوں کی ایک پنچایت ہوئی 61۔ مرزا غالب کے ایک شاگرد عین الحق کاٹھوی کا اسی گاؤں سے تعلق تھا۔ اس علاقہ کے کسان انگریزوں کے خلاف بغاوت پر آمادہ ہوگئے کیونکہ ان کا لگان دوگنا کر دیا گیا تھا۔ پورے اتر پردیش میں کاشت کے لئے مشہور یہ علاقہ اقتصادی بحران کا شکار ہو رہا تھا اور انہوں نے موقعہ ملتے ہی ساہوکاروں کو لوٹا، مال خانوں پر قبضہ کیا اور تحصیلوں کو راکھ کر دیا اور انگریزوں کو ڈھونڈ ڈھونڈ کر قتل کرنا شروع کر دیا، اس علاقہ کے سب سے بڑے رئیس فرانسس کوئن فراسو پر شب خون مارا۔ شامل جاٹ نے فراسو کو یرغمال بنالیا۔62

بابا شاہ مل مرد آہن اور تنظیمی صلاحیتوں کا مالک تھا۔ اس کی ٹولی میں چھ ہزار سے زائد انقلابی تھے جن میں بلواڑی کے پنڈت دوڑے رام، بڑکہ گاؤں کے بہت سے راجپوت، نراج پور کے اچل سنگھ گوجر، بلوچ پوری کے بلوچی نبی بخش وغیرہ سبھی ذات برادری کے لوگ اس کی قیادت میں انگریزی راج کے خلاف جمنا کے کنارے سہارنپور سے دلی تک گوجر، جاٹ، برہمن، مسلمان، تیاگی وغیرہ انگریزی راج کے صفائے کے لئے مستعد تھے، ان میں تھوڑے بہت غدار بھی تھے۔ 63

اچاریہ دیپانکر نے اپنی ہندی کتاب "سوادھینتا آندولن اور میرٹھ" میں لکھا ہے کہ کرم علی جو مسلمان راجپوت رانگڑ تھا اس نے گورانا کے بیہانام کے جنگل میں جہاں چکنی مٹی ہونے کی وجہ سے شاہ مل دلدل میں پھنس گیا تھا، اس پر پیچھے سے حملہ کر کے شاہ مل کا سر قلم کر دیا اور اپنے انگریز آقاؤں کو اس کا سر دکھایا جس کے بدلے اسے باغپت کی نوابی

اور کئی گاؤں بطور انعام دئے گئے۔64

اچاریہ دیپانکر نے کرم علی کو شاہ مل کا قاتل قرار دے کر میرٹھ کی تاریخ کو مسخ کیا ہے اور انہوں نے اس طرح کی الزام تراشی کر کے اس کا بھرپور سیاسی فائدہ اٹھایا اور 1967ء کے اسمبلی انتخابات میں نواب کرم علی کے پوتے نواب شوکت حمید کو شکست دی۔ نواب شوکت حمید کے صاحبزادے نواب کوکب حمید کو بھی باغپت کے اسمبلی انتخابات میں اس بے بنیاد اور گمراہ کن پروپیگنڈے کا سامنا کرنا پڑتا ہے۔ حالانکہ وہ اس اسمبلی حلقے سے لگاتار کامیاب ہوتے رہے ہیں اور اتر پردیش میں کابینہ وزیر بھی رہ چکے ہیں۔ حقیقت یہ ہے کہ 1857ء کے ہنگامے میں انگریزوں کا ساتھ دینے پر باغپت کے تحصیلدار کرم علی کو نواب کے خطاب سے نوازا گیا جس کی شہادت جارج پیش شور کی ڈائری میں ملتی ہے، جو اس کتاب کا موضوع ہے۔

اس کے علاوہ 20/جولائی بروز پیر کو مسٹر کیتھ ینگ دلی کینٹونمینٹ کیمپ سے اپنی ڈائری میں لکھتا ہے کہ کیا تمہارے پاس میرٹھ فوج کے اس دستے کی سرگرمیوں سے متعلق کچھ اطلاعات ہیں جس کو شملہ میں حالیہ فساد کے لیڈر شاہ مل اور اس جیسے لوگوں کی سرکوبی کے لئے تعینات کیا گیا تھا؟ ہمارے پاس کوئی تحریری رپورٹ نہیں آئی ہے لیکن ایک مقامی سوار کی زبانی معلوم ہوا ہے کہ تقریباً چھ سو باغی اور ان کے لیڈر مارے جاچکے ہیں اور شاہ مل کے بیٹے کو قیدی بنا لیا گیا ہے لیکن اس کی تفصیلات میرٹھ سے براہ راست شملہ پہنچ رہی ہیں۔65

کارل مارکس نے اس انقلاب کے سیاسی و اقتصادی پہلوؤں کو اجاگر کرتے ہوئے کہا ہے کہ انگریزوں کو پختہ یقین تھا کہ ہندوستان میں ان کے اقتدار کا دارومدار ہندوستان کی فوج تھی لیکن انہیں یہ زبردست جھٹکے کے ساتھ احساس ہوا کہ فوج ہی ان کے لئے اصل

خطرہ کی وجہ بنی لیکن یہ سپاہی تو ایک وسیلہ تھے۔ اصل میں ہندوستان کے عوام اس سیاسی اور اقتصادی استحصال کے خلاف میدانِ عمل میں اٹھ کھڑے ہوئے 66۔ اس طرح جو آگ سید احمد شہید نے مسلمانوں کے دلوں میں بھڑکائی تھی وہ 1857ء میں ایک بار پھر شعلہ بن گئی۔ ہندوستان کا کوئی حساس دل ایسا نہ رہا جس میں آزادی کی موجیں نہ اٹھتی ہوں۔

1857ء کے علماء مجاہدین میں سب سے معتبر نام مولوی احمد اللہ شاہ کا ہے۔ جب وہ تقریر کرتے تھے تو ہزاروں ہندو اور مسلمان جمع ہو جاتے تھے۔ چنانچہ آگرہ کی تقریر میں دس دس ہزار کا مجمع ہوتا تھا۔ "مسلمانوں کا روشن مستقبل" کے مصنف مولانا طفیل احمد منگلوری نے لکھا ہے کہ مولانا کی ہر دلعزیزی کا یہ عالم تھا کہ پولس نے ایک موقعہ پر مجسٹریٹ کے حکم کے باوجود انہیں گرفتار کرنے سے انکار کر دیا۔ 67

مولانا احمد اللہ شاہ نے 1856ء میں میرٹھ جاکر انقلاب کے لئے ماحول سازی کا کام بھی انجام دیا تھا۔ دلی، میرٹھ، پٹنہ اور کلکتہ وغیرہ اہم فوجی چھاؤنیوں میں مولانا احمد اللہ شاہ کے فقیری لباس میں موجود رہنے کے ثبوت ملتے ہیں۔ 68

راجہ مرسان سے ملنے کے لئے مولانا احمد اللہ شاہ علی گڑھ تشریف لائے اور انہوں نے سرائے رتن لال میں قیام کیا اور راجہ کی طرف سے انہیں نذر کے طور پر ڈھائی سو روپیہ نقد، ایک قیمتی گھوڑا اور دو شکاری کتے بھی دئے گئے 69۔ مولانا کے نام کا سکہ جاری ہو چکا تھا اور وہ ہزاروں مریدین کے ساتھ رہتے تھے۔ وہ قادریہ سلسلہ سے تھے۔ لندن ٹائمز کے نمائندے مسٹر رسل نے 1857ء کو مسلمانوں کی جنگ سے تعبیر کیا ہے۔ وہ لکھتا ہے کہ کبھی کبھی مسلمانوں کو مارنے سے پہلے انہیں سور کی کھالوں میں سی دیا جاتا تھا، ان پر سور کی چربی ملی جاتی تھی اور پھر ان کے جسم جلا دئے جاتے تھے 70۔ فوجی

گواہیوں میں اس بات کے ثبوت بھی ملے تھے کہ ماہ اپریل میں نانا دھوندوپنت عظیم اللہ کے ہمراہ میرٹھ آئے تھے اور انہوں نے دیسی فوجیوں کو سیاسی آزادی کی تبلیغ کی تھی۔

علمائے وقت انگریزوں کے خلاف فتوے جاری کر رہے تھے اور مسلمانوں کو جہاد کی ترغیب دے رہے تھے جس کے نتیجے میں مسلمان "یا خدا ہمیں بھی پھانسی دلا" کی دعا مانگتے 71۔ اسی طرح دلی کے پنڈت بھی انگریزوں سے اپنی نفرت کا اظہار کرنے کے لئے پوتھی پتر سے حساب لگا کر لڑنے کے لئے شبھ مہورت نکال کر تلنگوں کو بتلاتے تھے اور ان کو یقین دلاتے تھے کہ اگر لڑتے جاؤ گے تو فتح پاؤ گے۔ پنڈتوں نے تلنگوں کو یقین دلا دیا تھا کہ انگریزی حکومت پھر دوبارہ قائم نہیں ہو گی۔ ان ایام میں ایک عجیب تماشہ چاندنی چوک اور دوسرے بازاروں میں دیکھنے کو آتا تھا کہ پنڈتوں کے ہاتھوں میں پوتھیاں ہوتی تھیں اور وہ ہندوؤں کے دھرم شاستر کے حکم سناتے تھے۔ ان فتووں اور پنڈتوں کے دھرم شاستروں کے احکام نے ہندو اور مسلمانوں کے دل و دماغ میں انگریزوں کے خلاف اور آگ لگا دی تھی۔72

صوبیدار سیتارام نے یہ بڑی دل چسپ بات لکھی تھی کہ "ہمارے پنڈتوں نے یہ تو بتا دیا تھا کہ 1857ء میں کمپنی کی حکومت ختم ہو جائے گی کیونکہ پہلی بڑی لڑائی (پلاسی کی جنگ) کو اس وقت سو سال پورے ہو چکے ہوں گے لیکن انہوں نے ہمیں یہ نہیں بتایا تھا کہ اس کی جگہ پر ایک دوسری انگریزی حکومت قائم ہو گی جو اپنی پیش رو حکومت سے جابر تر اور دشوار تر ہو گی۔"73

جے اے بی پامر اپنی کتاب میرٹھ میں سرکشی 1857ء میں 11/ مئی کو انگریزوں کی ہلاکت سے متعلق لکھتا ہے:

"میرٹھ میں غدر کے موقعہ پر ہونے والی اموات کی کوئی فہرست موجود نہیں ہے

اور نہ ہی اس سلسلے میں کوئی ایسی خاص بات ہے جس کا ذکر کیا جائے۔ جو رپورٹس اب تک شائع ہوئی ہیں ان میں بھی شاید ہی کسی فوجی یا غیر کمیشنڈ افسر کا نام موجود ہے۔ زیادہ تر ہلاک ہونے والے یوروپین یا یوریشین تھے جو معمولی عہدوں پر تعینات تھے اور جن کی شناخت کسی بھی طرح مسلم الثبوت نہیں تھی۔ جنرل ہیوٹ نے کل اموات کی تعداد تقریباً 40 بتائی ہے جبکہ ریورینڈ ٹی سی اسمتھ نے لکھا ہے کہ "اس نے اور اس کے دوست مسٹر روٹن نے 31 لوگوں کو دفن کیا تھا جبکہ اموات کی تعداد اس کے علاوہ اور بھی تھی"74۔ 8 کمیشنڈ افسران مارے گئے تھے، کرنل فِنس، کیپٹین ٹیلر، میکڈانلڈ اور ہینڈرسن، لفٹیننٹ پیٹل، کارنیٹ میکنیب اور مویشی معالج فلپس اور ڈاسنس۔ ان کے علاوہ ریٹائرڈ سرجن اسمتھ تھے اور انسپکٹر آف ایجوکیشن ٹریگیئر۔ اس کے بعد تین افسران کی بیویاں مسز میکڈانلڈ، مسز چیمبرس اور مسز ڈاسنس، ان کے علاوہ مسز کورٹنی اور دو بچے جن کو ملا کر یہ تعداد چھ ہو جاتی ہے۔

ماتحت عملہ اور پنشن یافتہ لوگوں میں سرجنٹ لا اور دو بچے، مارکو اور ہیوگس کو ملا کر تعداد مزید پانچ ہوتی ہے 75۔ ایکفورڈ کے بنگلے پر یا اس کے قریب پانچ رائفل مین مارے گئے۔ تین آرٹیلری مین جو بازار میں مارے گئے ان کے نام کونولی، کیرنس اور بینسن تھے 76۔ یہ وہ لوگ تھے جن کے نام اور ان کی موت کے وقت کے حالات کے واقعات مستند ہیں۔ ان کو شامل کر کے کل اموات کی تعداد ہوتی ہے 29 جو ریورینڈ ٹی سی اسمتھ کی بتائی ہوئی تعداد کے قریب ہے۔

لیکن عدالتی بیانات سے کئی اموات کے شواہد ملتے ہیں جو معلوم اموات کی تعداد سے کہیں زیادہ ہیں لیکن جو معلوم تعداد میں قابل ذکر اضافہ کرتے ہیں۔ قدیمی جیل کے قریب مختلف بیانات کے مطابق 8 سے 15 لاشیں تھیں جن میں مسز میکڈانلڈ کی لاش

بھی ہو سکتی ہے لیکن اس کو جوڑنے کے بعد بھی کل تعداد میں دس سے زیادہ کا اضافہ نہیں ہوتا77۔ ساٹھویں بٹالین کے ایک سرجنٹ کے مطابق دیسی سپاہیوں کی ٹکڑیوں سے شمال کی طرف 4لاشیں پڑی تھیں۔ ممکن ہے یہ لاشیں ایکفورڈ کے بنگلے پر تعینات رائفل مین کی ہوں لیکن وہ یہ نہیں بتاتا کہ یہ لاشیں اس کے ریجیمنٹ کے لوگوں کی تھیں۔ ایک اور شخص جو غالباً یوریشین تھا، کے بیان کے مطابق ایک علیٰحدہ عورت، اور ایک جگہ دو عورتوں اور ایک مرد کی لاشیں شہر کے قریب جنوبی علاقے میں پڑی ہوئی تھیں۔ دو اور لوگوں کے بیان کے مطابق ایک جگہ دو عورتوں اور ایک مرد کی لاشیں پڑی ہوئی تھیں۔ خیال اغلب ہے کہ بازار میں اور اس کے آس پاس کچھ اور یوروپین فوجیوں کی لاشیں پڑی ہوئی تھیں اور غیر فوجی لوگ جو مارے گئے ان کا تو کسی بیان میں ذکر ہی نہیں ہے۔ بیانات سے ثابت اور ان اموات کو ملا کر جن کا ذکر بیانات میں موجود نہیں ہے مزید 20 سے 29 مستند اموات کا اضافہ کیا جا سکتا ہے۔ اس طرح کل تعداد 49 ہوتی ہے۔ ہیوٹ کے مطابق کل اموات کی تعداد 40 کے بجائے 50 ہونا زیادہ صحیح معلوم ہوتا ہے۔"

میرٹھ کے واقعہ کے بارے میں ایک ضروری سوال یہ ہے کہ کیا یہ واقعات کسی منصوبہ بند تیاری کا نتیجہ تھے یا محض حالات کے پیش نظر اچانک ایسی صورتحال بن گئی اور یہ واقعات رونما ہوئے۔ لیکن ان واقعات کو کسی بھی طرح سے دیکھا جائے، اس سوال میں کئی ایسے ابہام ہیں جن کی صراحت ضروری ہے۔ درحقیقت سوالات تین ہیں– کیا 10 مئی کو پیش آنے والے واقعات محض اتفاقیہ تھے؟ یا کئی دنوں یا ہفتوں پہلے میرٹھ میں ہی ان کی منصوبہ بندی کی گئی تھی؟ یا اس کی منصوبہ بندی بہت پہلے کی گئی تھی اور اس واقعے کے پیچھے وسیع مقاصد کارفرما تھے؟ ان تینوں سوالوں میں سے دوسرا سوال سب سے زیادہ اہمیت کا حامل ہے اور اس پر پہلے غور کیا جانا چاہئے کیونکہ یہی سوال اس جواب کا

حامل ہے جو بہت واضح ہے اور اسی سوال کا بقیہ دو سوالوں سے بھی گہرا ربط ہے۔

اب اہم سوال یہ ہے کہ کیا میرٹھ کے واقعات 10 مئی سے کچھ روز یا کچھ ہفتے قبل کی کسی منصوبہ بندی کا نتیجہ تھے؟

اس موضوع پر اعلیٰ انگریز افسران کا ماننا ہے کہ میرٹھ میں متعین ریجیمنٹ اور کم از کم میرٹھ میں جو بڑی تعداد میں سپاہی تعینات تھے ان کے درمیان اس کی پہلے سے کوئی تیاری نہیں تھی۔ حالانکہ سپاہیوں کی بڑی تعداد کے سلسلے میں یہ بات کوئی اہمیت نہیں رکھتی کیونکہ اگر اس بڑی تعداد کو چھوٹی چھوٹی ٹکڑیوں کے کسی پوشیدہ منصوبے کا علم ہو یہ ضروری نہیں ہے۔ رائس ہومس (Rice Holmes) کا بھی یہی خیال ہے اور اس کے بارے میں وہ یہ سمجھتا ہے کہ میرٹھ ڈی پوزیشنس میں شواہد کی روشنی میں اس بات کو خاطر میں رکھنا چاہئے اور نہایت باریکی سے اس کا تجزیہ کیا جانا چاہئے۔ اس کے بعد مسٹر ایس این سین نے زیادہ قطعیت کے ساتھ اس بات پر روشنی ڈالی ہے۔ رائس ہومس اور مسٹر ایس این سین، دونوں نے میرٹھ واقعات کے سلسلے میں کھانا پکانے والے لڑکے کے واقعہ کو تسلیم کیا ہے حالانکہ اس واقعہ کی کوئی سند موجود نہیں ہے، نیز چرچ پریڈ کے واقعے پر بھی انہوں نے یقین کا اظہار کیا ہے جس سے دیسی سپاہیوں کی ٹکڑیوں میں فساد پیدا ہوا حالانکہ دستیاب حقائق اس کی نفی کرتے ہیں۔ ان میں سے کوئی بھی واقعہ ان دو حقائق کی تطبیق نہیں کرتا جن سے یہ مستند ہو جاتا ہے کہ میرٹھ کا واقعہ منصوبہ بند تھا اور میرٹھ کے فوجیوں کے درمیان اس کی پہلے سے تیاری کی گئی تھی۔

ان دو حقائق میں سے ایک وہ رپورٹ ہے جو 9 مئی کی شام میں گف (Gough) کے پاس لائی گئی تھی اور دوسری حقیقت یہ کہ 10 مئی کو صبح 9 بجے سے شام 4 بجے کے درمیان میرٹھ اور دلی کے درمیان ٹیلی گراف لائن کاٹ دی گئی تھی۔

گف کے پاس لائی گئی رپورٹ میں خاص طور سے یہ پیشین گوئی کی گئی تھی کہ انفینٹری پرچم بغاوت بلند کرے گی اور کیولری اس کے نقش قدم پر ہوگی۔ یہاں یہ بات قابل ذکر ہے کہ کیولری کو ہی کورٹ مارشل کی وجہ سے سب سے زیادہ تکلیف تھی۔ یہ ممکن ہے کہ واقعات کی ترتیب بدل جاتی لیکن میرٹھ میں اس روز جو ہوا وہ اس رپورٹ کے عین مطابق ہوا جو گف کے پاس پہنچی تھی78۔ اسے محض اتفاق پر محمول نہیں کیا جا سکتا کہ یہ دو واقعات یکے بعد دیگرے رونما ہوئے اور اس کے بعد بڑے پیمانے پر فتنہ و فساد برپا ہوا۔ اور پھر اس تناظر میں ٹیلی گراف کے تار کاٹنے کی رپورٹ بھی صحیح ثابت ہوتی ہے۔ اس طرح اس نتیجے پر پہنچنا مشکل نہیں رہ جاتا کہ 9 مئی تک تمام منصوبے مکمل کر لئے گئے تھے اور 10 مئی کو صبح ہی تار کاٹنے کا کام انجام دے دیا گیا جو اس منصوبے کا ہی ایک حصہ تھا79۔

اس کے بعد یہ حقیقت بھی واضح ہو جاتی ہے جس کا تعلق پہلے سوال سے ہے کہ بازار میں برپا ہونے والا فساد بھی اتفاقیہ نہیں تھا۔ ایسا نہیں ہو سکتا تھا کہ 10 مئی کی شام میں فساد شروع ہوتا اور فوراً ہی بازار میں بھی بھگدڑ مچ جاتی ہے۔ ایسا ہونے کے لئے کچھ نہ کچھ وقت درکار ہوتا۔ اس لئے یہ کہا جا سکتا ہے کہ بازار میں بھگدڑ کرانا منصوبے کا پہلا عمل تھا۔ اس میں بھی بہرام پور والا طریقۂ کار ہی اپنایا گیا۔ فائرنگ پریڈ نے سب سے پہلے کارتوسوں سے متعلق وسوسہ پیدا کیا۔ اس کے بعد اس پورے فساد کے منتظمین کی جانب سے کچھ لوگوں نے معینہ وقت پر شر انگیزی شروع کر دی۔ بہرامپور کی طرح ہی اس تحریک کے قائد بھی پردے میں تھے لیکن ان کے ہی ایماء پر بازار میں جمع غیر جانبدار فوجیوں کو آلۂ کار بنانے کی غرض سے تحریک کے نمائندوں نے فتنہ پھیلانا شروع کر دیا۔ منصوبے کی تفصیلات اور واقعات کی ترتیب میں نمایاں ہنر مندی سے بھی اس نتیجے

کو تقویت ملتی ہے۔ مغرب سے ذرا پہلے ٹھیک 5 بجے شام میں ہنگامہ شروع کیا گیا۔ جیسا کہ میجر ہیریئٹ نے دلی میں سابق بادشاہ کے مقدمے کی سماعت کے دوران بیان دیا، انقلابی جانتے تھے یوروپین فوجیوں کو جمع کرنے اور موقعہ واردات پر متعین کرنے کے لئے کم سے کم ڈیڑھ گھنٹے کا وقفہ درکار تھا۔ اپنے اندازے کے مطابق انہوں نے 5 بجے ہنگامہ شروع کر دیا کیونکہ ان کے اندازے کے مطابق یوروپین فوجی اندھیرا ہوتے ہی موقعہ پر پہنچ جاتے۔ اندھیرا ہونے سے چاند کے نکلنے تک تقریباً دو گھنٹے کا وقفہ درکار تھا۔ اتنا وقت دیسی سپاہیوں کے خیموں میں ہنگامہ برپا کرنے کے لئے کافی تھا جب تک انگریزی فوجیں موقعہ پر نہیں پہنچتیں۔ اندھیرا ہونے کے بعد انگریزی فوج کے پہنچنے سے قبل دیسی فوجیوں کو راہ فرار اختیار کرنے کا بھرپور موقعہ فراہم ہوتا۔ اس کے علاوہ صدر بازار میں فساد شروع کر دینے سے انگریزی فوجیوں کو موقعہ واردات تک پہنچنے میں کافی دقت ہوتی کیونکہ موقعہ واردات تک پہنچنے کا واحد راستہ صدر بازار ہو کر ہی گذرتا تھا، نیز صدر بازار کے علاقے میں فساد جاری ہونے کی وجہ سے یوروپین فوجیوں کے لئے بھی یہ راستی مخدوش ہوتا اور وہ خود بھی فساد کو رفع کرنے میں لگ جاتے۔ اس طرح بازار کی بھیڑ کو اپنے منصوبے کے مطابق استعمال کر کے دیسی فوجیوں کا مقصد انگریزی فوج کو گمراہ کرنا اور اپنا کام کر کے اندھیرے میں بآسانی راہ فرار اختیار کر لینا تھا۔ وقت کی صحیح منصوبہ بندی اور انگریز فوج کی نقل و حرکت میں رخنہ اندازی کے لئے بازار میں فساد برپا کرنے سے ان کا مقصد کم وقت میں زیادہ سے زیادہ فائدہ اٹھانا تھا جبکہ دیسی فوجیوں کی پوری ٹکڑی تیار تھی اور انگریز فوج کے پہنچنے سے پہلے اندھیرا کا فائدہ اٹھا کر انہیں وہاں سے راہ فرار اختیار کر لینا تھا۔ ان کا منصوبہ غالباً قدیم جیل سے قیدیوں کو رہا کرا کے پورا ہو گیا جو باغیوں کے گروہ میں تازہ دم اضافہ کی حیثیت سے شامل ہو گئے۔

اس پورے تناظر میں یہ تسلیم نہیں کیا جا سکتا کہ 9 مئی کو فائرنگ پریڈ کے خاتمے کے بعد سے 10 مئی کو صبح تار کاٹنے تک اتنی ہنر مندی سے تیار کیا گیا منصوبہ چند لوگوں کے کسی معمولی گروہ کا کارنامہ تھا۔ یہ یقیناً ایسا منصوبہ تھا جس کی تیاری کافی دنوں پہلے کی گئی تھی۔ اس منصوبے کی تیاری غالباً فائرنگ پریڈ سے تقریباً 15 دنوں پہلے سے کی گئی تھی اور یہ کورٹ مارشل کے اس واقعہ کا شاخسانہ تھا جس کا اندازہ پہلے سے کیا جا سکتا تھا۔

جن امور پر دھیان نہیں دیا گیا وہ کورٹ مارشل کا فیصلہ، اس کی تعمیل اور سزا یافتہ فوجیوں کی قید کا صحیح بندوبست تھا۔ بظاہر ایسا معلوم ہوتا ہے کہ سواروں کی آزادی کا معاملہ منصوبے کا اصل مقصد نہیں تھا۔ جیسا کہ عام طور سے تسلیم کیا جاتا ہے، بغاوت کا مرکز محض یہ معاملہ نہیں تھا۔ اس کی منصوبہ بندی بالکل مختلف خطوط پر کی گئی تھی جس میں سواروں کو آزاد کرانا کہیں بھی شامل نہیں تھا۔ سواروں کی آزادی ایک ثانوی بات تھی جس کو آخری لمحوں میں تیسری بٹالین کے فوجیوں کے ذریعہ منصوبے میں شامل کیا تھا جس کو کسی بھی بنیاد پر بغاوت کی کمان نہیں دی جا سکتی تھی۔ در حقیقت یہ 20ویں بٹالین تھی جس کو بغاوت کی کمان دی جانی تھی اور جس نے بالآخر کمان اپنے ہاتھوں میں لی۔

حالانکہ بغاوت کے منتظمین اور قائدین کی شناخت نہیں ہو سکی لیکن واقعات سے ثابت ہوتا ہے کہ اس پورے ہنگامے کے پس پشت کچھ لوگ ضرور تھے۔ ان میں سے کچھ یا سارے لوگ فوجیوں کے اس جتھے سے بھی تعلق نہیں رکھتے تھے جس کو فائرنگ پریڈ کے بعد کورٹ مارشل کے ذریعہ قید میں ڈال دیا گیا تھا۔ کیونکہ اگر وہ لوگ منتظمین میں شامل ہوتے تو وہ قید میں ہونے کی وجہ سے اس منصوبے کو اتنی مہارت کے ساتھ انجام نہیں دے پاتے۔ دو لوگ پیر علی اور قدرت علی نے سب سے پہلے کارتوسوں کا استعمال کرنے سے انکار کیا تھا جن کو سرغنہ تو قرار نہیں دیا جا سکتا لیکن وہ بغاوت کے اصل

قائدین کے ہاتھوں براہ راست آلۂ کار ضرور تھے۔ دلی کو دوبارہ مرکز بنانے کے فیصلہ سے ظاہر ہوتا ہے کہ بغاوت کے انتظامی سطح پر کچھ گروپس کام کر رہے تھے جن کا پہلا مقصد یہی تھا۔ دیسی فوجیوں کی برطرفی کا کام جاری تھا اس کے باوجود ریتھانی کے اجتماع میں عمومی طور سے اس مقصد کو تسلیم کر لیا گیا تھا۔ اس سے یہ بھی ثابت ہوتا ہے کہ کچھ لوگوں کی رائے پوری بھیڑ کو بہکانے میں کامیاب رہی۔

میرٹھ سے حاصل شواہد سے یہ ثابت نہیں ہوتا کہ میرٹھ اور دلی چھاؤنیوں یا ان چھاؤنیوں اور دلی دربار کے درمیان کسی قسم کی مفاہمت تھی۔ لیکن دلی کو مرکز بنانے کا فیصلہ ان کے درمیان کسی نہ کسی قسم کی مفاہمت کی طرف اشارہ ضرور کرتا ہے کیونکہ بغاوت میں اتنے خدشات و خطرات تھے کہ اس سلسلے میں دلی چھاؤنی کے فوجیوں کو اعتماد میں لئے بغیر یا وہاں کے دیسی فوجیوں کی رضامندی کے بغیر اتنا بڑا کام کیا ہی نہیں جا سکتا تھا۔ دلی اور میرٹھ کے درمیان ٹیلی گراف کے تار کاٹنے کا واقعہ بھی دلی کو اس پوری جدوجہد کا مقصد بنانے اور میرٹھ ہنگامے کی خبر کو قبل از وقت دلی میں بیٹھے افسروں تک پہنچنے سے روکنا تھا۔ ان دونوں مقامات کا قریب ہونا اور میرٹھ کورٹ مارشل کے واقعہ پر دلی کے دیسی فوجی افسروں کے ساتھ صلاح و مشورہ کی آسانی سے اس خیال کو تقویت ملتی ہے کہ بغاوت کا اصل مقصد دلی حکومت کا قیام تھا۔

جہاں تک آخری سوال کے جواب کا تعلق ہے کہ اس بغاوت کی تیاری کافی پہلے سے کی گئی تھی اور اس کے وسیع مقاصد تھے۔ اس سوال کے لئے ضروری ہے واقعات کی اس ترتیب کا تفصیلی مطالعہ کیا جائے جس کی ابتدا میرٹھ سے ہوئی تھی۔ بارکپور اور بہرام پور کے واقعات جو شروع ہو کر اچانک بند ہو گئے در اصل اس بڑے ہنگامے کا شاخسانہ تھے جن کی ابتدا منگل پانڈے کے معاملے سے ہوئی اور پھر یکے بعد دیگرے پریسیڈینسی

ڈویژن جو حکومت کے دارالخلافہ سے بالکل قریب تھا، میں وقوع پذیر ہوئے۔ لیکن یہ ساری شورشیں ناکام ثابت ہوئیں۔ اس کے بعد یہ سوچنا فطری تھا کہ بغاوت کی سازشیں ان مقامات سے شروع کی جائیں جو اندرون ملک ہونے کی وجہ سے دارالخلافہ سے دور تھیں، جہاں دیسی فوجیوں کی کثیر تعداد تھی اور وہ اپنے آبائی مکانات سے بھی پاس تھے۔ لیکن اس قسم کا منصوبہ مختلف ریجیمینٹس کو اعتماد میں لئے بغیر نہیں بنایا جاسکتا تھا ورنہ بھید کھلنے پر بغاوت کا اصل یا نظر ثانی شدہ منصوبہ افشاں ہو جاتا جس کے قائد پردۂ گمنامی میں ہی رہنا چاہتے تھے۔ فوجی خیمے سے باہر چپاتی تحریک یا واٹر فیلڈ اسپنگ و ہیل کے واقعات اس وسیع منصوبے کا حصہ تھے جن کا مقصد فوجی چھاؤنیوں میں خلفشار پیدا کر کے پریسیڈینسی ڈویژن میں ایک بڑی بغاوت کو ہوا دینا تھا۔ ان واقعات کی تاریخیں اور ترتیب اس مفروضے کے بالکل عین مطابق معلوم ہوتی ہیں کہ فروری مارچ تک ایک بڑی بغاوت وقوع پذیر ہوتی۔ لیکن یہ منصوبہ ناکام ثابت ہوا اور غالباً خلاف توقع مئی میں میرٹھ میں وہ ہو گیا جس کا اندازہ برٹش انڈیا کی فوج کو نہیں تھا یا وہ اس بات کے لئے کوشاں تھے کہ ایسٹ انڈیا کمپنی کے بجائے ملکہ وکٹوریا کی حکومت قائم ہو جائے۔ 1857ء تک ہندوستان میں ایسٹ انڈیا کمپنی کا اقتدار رہا جبکہ انگلینڈ کی پارلیانٹ کمپنی کے اقتدار کو پسند نہیں کرتی تھی اور اس کی کوشش تھی کہ کسی طرح کمپنی کے اقتدار کو ختم کر کے براہِ راست پارلیامنٹ کے اقتدار کو ہندوستان میں قائم کرے۔ 1857ء کے انقلاب کے واقعات اور حادثات کے نتیجہ میں ہندوستان سے ایسٹ انڈیا کمپنی کا اقتدار ختم ہو گیا اور اس ملک پر برٹش پارلیامنٹ اور تاجِ برطانیہ کی حکومت قائم ہوئی۔ اس طرح 134 دن بعد پھر سے دلی میں انگریزوں کا جھنڈا لہرانے لگا۔

1857ء کے واقعہ کی بہت سی یادگاریں آج تک محفوظ ہیں۔ میرٹھ شہر کے بھینسالی

میدان میں شہید اسمارک بنایا گیا۔ یہ سنگ مرمر کا تقریباً سو فٹ اونچا ایک ستون ہے جہاں ہر سال دس مئی کو مجاہدین آزادی اور شہر کے عوام جمع ہو کر شہیدوں کو خراجِ عقیدت پیش کرتے ہیں۔ میرٹھ شہر کا خونیں پل اس بات کا ثبوت مانا جاتا ہے جہاں سینکڑوں جہادیوں کو ایک ساتھ پھانسی پر لٹکا دیا گیا۔ میرٹھ کے کینٹ ایریا میں سینٹ جونس مسیحی قبرستان میں دس مئی کو ہلاک ہونے والے انگریزوں کی قبریں ہیں جن پر آج بھی کتبے لگے ہوئے ہیں۔ اسی قبرستان کے نزدیک ہی سینٹ جونس چرچ ہے جہاں 10/مئی کو انقلابی فوجیوں نے انگریز افسران کو گولی کا نشانہ بنایا تھا۔ اس چرچ پر گولیوں کے نشانات آج بھی دیکھے جا سکتے ہیں۔ میرٹھ کینٹ میں ہی کالی پلٹن کی پوجا کے لئے شیو مندر ہے جس کے پجاری نے کالی پلٹن کو بغاوت کے لئے آمادہ کیا تھا۔ اسی علاقہ میں گرو تیغ بہادر اسکول کے سامنے کرنل اسمتھ کا بنگلہ آج بھی موجود ہے۔

میرٹھ کے دیہی علاقوں میں کھیکڑا قصبہ کے موضع ہر چندر پور میں گادلیب فرانسس کوئن فراسو کی حویلی اس عظیم تاریخی واقعہ کی خاموش گواہ ہے۔ دلی کے بہت سے انگریز اعلیٰ حکام نے اپنی جان بچا کر اس حویلی میں پناہ لی تھی۔ بجرول گاؤں میں شاہ مل جاٹ کا قد آور مجسمہ ہے جس کی پوجا کی جاتی ہے۔ میرٹھ باغپت روڈ پر واقع موضع پانچلی میں مجاہدین آزادی کی یاد کو تازہ رکھنے کے لئے ایک پتھر نصب ہے۔ موضع کو میھڑا میں جن انقلابیوں کو پھانسی دی گئی ان کے ساتھ ہی ان کی بیویاں بھی ستی ہو گئیں۔ ستی کے اس مندر میں گاؤں کی عورتیں ان کی پوجا کرتی ہیں۔ میرٹھ میں عبداللہ پور کی جیل کے پاس ایک قدیم برگد کا درخت ہے جس کا استعمال محب وطن کو پھانسی پر لٹکائے جانے کے لئے کیا گیا تھا۔

اسلامی تاریخ گواہ ہے کہ بعض جنگیں شہادت کے لئے بھی لڑی جاتی تھیں۔

1857ء کی جنگ شہادت کی جنگ تھی جس نے 90سال بعد ہندوستان کو سامراجی تسلط سے آزاد کرایا اور اس ملک کے عوام کو آزاد فضا میں جینے کا موقع فراہم کیا۔ میرٹھ کی اس مقدس سرزمین کو خراجِ تحسین پیش کرتے ہوئے اوم پرکاش آزاد نے لکھا ہے کہ:

یہ ستاون کے ویروں کی زمیں عزت کے قابل ہے
یہ آزادی کی دولت کی امیں عزت کے قابل ہے
جو رہ رہ کر ابھرتی ہے سدا ذہن مورخ میں
یہ میرٹھ ارضِ دلنشیں عزت کے قابل ہے

24/ اپریل 1857ء کو تیسری گھڑ سوار فوج کے پچاسی فوجی جنہوں نے میرٹھ میں چربی لگے کارتوسوں کا استعمال کرنے سے انکار کر دیا تھا۔

1۔ حولدار ماتادین
2۔ شیخ پیر علی (نائک)
3۔ امیر قدرت علی (نائک)
4۔ شیخ حسین الدین (نائک)
5۔ شیخ سرور محمد (نائک)
6۔ شیتل سنگھ
7۔ جہانگیر خاں
8۔ میر موسم علی
9۔ علی نور خاں
10۔ میر حسین بخش

11۔ متھر اسنگھ

12۔ نارائن سنگھ

13۔ لال سنگھ

14۔ شیودان سنگھ

15۔ شیخ حسین بخش

16۔ صاحب داد خاں

17۔ بشن سنگھ

18۔ بلدیو سنگھ

19۔ شیخ نندو

20۔ نواب خاں

21۔ شیخ رمضان علی

22۔ علی محمد خاں

23۔ مکھن سنگھ

24۔ درگا سنگھ (اول)

25۔ نصراللہ خاں

26۔ محراب خاں

27۔ درگا سنگھ (دوئم)

28۔ نبی بخش خاں

29۔ جرکھان سنگھ (اول)

30۔ بھوگو خاں

31۔ جرکھان سنگھ (دوئم)

32۔ عبداللہ خاں

33۔ ایسن خاں (اول)

34۔ زبردست خاں

35۔ مرتضیٰ خاں

36۔ برزور خاں

37۔ عظیم اللہ خاں (اول)

38۔ عظیم اللہ خاں (دوئم)

39۔ کالے خاں

40۔ شیخ سعد اللہ

41۔ سالار بخش خاں

42۔ شیخ رفعت علی

43۔ دوارکا سنگھ

44۔ کالکا سنگھ

45۔ رگھوبیر سنگھ

46۔ بلدیو سنگھ

47۔ درشن سنگھ

48۔ امداد حسین

49۔ پیر خاں (اول)

50۔ موتی سنگھ

51۔ شیخ آرام علی

52۔ ہیرا سنگھ

53۔ سیوا سنگھ

54۔ مراد پیر خاں

55۔ شیخ آرام علی

56۔ کاشی سنگھ

57۔ اشرف علی خاں

58۔ قادر داد خاں

59۔ شیخ رستم

60۔ بھگوان سنگھ

61۔ میر امداد علی

62۔ شیو بخت سنگھ

63۔ لکشمی سنگھ

64۔ شیخ امام بخش

65۔ عثمان خاں

66۔ دروائے سنگھ

67۔ متمول علی خاں

68۔ شیخ غیاث خاں

69۔ شیخ امیر علی

70۔ عبد الشہاب خاں

71۔ رام سہائے سنگھ
72۔ پناہ علی خاں
73۔ لکشمی دوبے
74۔ رام سرن سنگھ
75۔ شیخ خواجہ علی
76۔ شیو سنگھ
77۔ شیتل سنگھ
78۔ موہن سنگھ
79۔ ولایت علی خاں
80۔ شیخ محمد خاں
81۔ اندر سنگھ
82۔ فتح خاں
83۔ میکو سنگھ
84۔ شیخ قاسم علی
85۔ رام چرن سنگھ

٭ ٭ ٭

حوالہ جات

1- Lord F. S. Roberts, Forty One Years in India, p. 241

2- انقلاب 1857ء، پی سی جوشی

3- Meerut Depositions, nos. 12, 13 and 14

4- Smyth's account, p. 91 and his evidence at the court of Enquiry, Forrest, Selections, Vol. I, pp. 230

5 میرٹھ تاریخ و خدمات، ص 27، نور احمد میرٹھی، تذکرہ شعرائے میرٹھ، ادارۂ فکر نو، کراچی

6 ڈاکٹر سید زاہد علی واسطی

7 Meerut Depositions, nos. 33-6

8- The Mutiny Outbreak at Meerut in 1857, J.A.B. Palmer, p. 70, Cambridge University Press

9 ظہیر دہلوی، داستان غدر

10 رومال سنگھ، مجلّہ سوتنترتا سنگرام سینک، ص 23، موانہ، ضلع میرٹھ

11 میرٹھ، تاریخ و خدمات

12 حیات اسماعیل، مصنف محمد اسلم سیفی، ص 9-10، مکتبہ جامعہ لمیٹیڈ، نئی دہلی

13 قلق محمد غلام مولیٰ، ص 789، تذکرہ شعرائے میرٹھ

14۔ ایسٹ انڈیا کمپنی اور باغی علماء، مفتی انتظام اللہ شہابی، ص 221

15۔ تحریک آزادی اور ہندوستانی مسلمان، محمد احمد صدیق، ص 528، داستان اٹھارہ سوستاون، مرتبہ فاروق ارگلی، زید بک ڈپو لمیٹیڈ، نئی دہلی

16- Narrative of Events, No. 406, F. Wliams, 15 November 1858

17۔ ٹھاکر پرساد سنگھ، سوتنترتا سنگرام کے سینک، محکمۂ اطلاعات، اتر پردیش، جلد 16

18۔ سن ستاون کا کرانتی ویر "بابا شاہ مل جاٹ" ڈاکٹر مہیندر شرما

19۔ مولوی محمد باقر، دہلی اردو اخبار، 17؍ مئی 1857ء

20- Indian Mutiny, Charles Paul

21- My Diary in India 1856-59, W. H. Russel

22۔ تذکرۂ شعرائے میرٹھ، مرتبہ نور میرٹھی، ادارۂ فکرِ نو، کراچی، ص 41

23۔ عبداللطیف کا روزنامچہ، مرتبہ خلیق احمد نظامی

24۔ ایسٹ انڈیا کمپنی اور باغی علماء از مفتی انتظام اللہ شباتی، ص 58، دینی بک ڈپو، اردو بازار، دہلی

25۔ تذکرہ ماہ و سال از مالک رام

26۔ اختر شہنشاہی (سوانح عمری اخبارات)، سید محمد اشرف نقوی، مطبع اختر پریس، لکھنؤ، 1888ء

27۔ سن ستاون کا کرانتی ویر، بابا شاہ مل جاٹ، ڈاکٹر مہیندر نارائن شرما، دی جرنل آف دی میرٹھ یونیورسٹی، میرٹھ المنائی، مئی 2007

28رنج میرٹھی، راحت ابرار، ص110، مطبوعہ ایجوکیشنل بُک ہاؤس، علی گڑھ

29 1857ء کا تاریخی روزنامچہ، عبد الطیف، ص 120-122، مرتبہ خلیق احمد نظامی، ندوۃ المصنفین، اردو بازار، دلی، 1954

30غالب اور انقلاب ستاون، ڈاکٹر سید معین الرحمٰن، غالب انسٹی ٹیوٹ، نئی دہلی

31چراغ دہلی، میرزا حیرت دہلوی، ص76-77، اردو اکادمی، دہلی

32ایضاً، ص238، 240

33 ورما رگھونندن اور ارون گپتا، ہندوستان کی تحریک آزادی میں مظفر نگر کا حصہ، ص50، سوتنترتا سنگرام سنگٹھن، مظفر نگر، 1997

34ماہنامہ ذکر و فکر، مرتبہ خواجہ احمد فاروقی، شمارہ ستمبر-اکتوبر1988

35ایسٹ انڈیا کمپنی اور باغی علماء، مفتی انتظام اللہ شہابی، ص30

36حیات جاوید، الطاف حسین حالی

37سوانح عمری مولوی سمیع اللہ از مولوی ذکاءاللہ، اترپردیش اردو اکادمی، لکھنؤ

38 اسباب بغاوت ہند، سرسید احمد، ص52-53، خدا بخش اورینٹل پبلک لائبریری، پٹنہ

39 علی گڑھ تحریک: سماجی اور سیاسی مطالعہ، مظہر حسین، ص 137، انجمن ترقی اردو ہند، نئی دہلی

40مقالاتِ سرسید، اسماعیل پانی پتی، ص184-185، مجلس ترقی ادب، لاہور

41- J. A. B. Palmer, The Mutiny Outbreak at Meerutin 1857

42- Forrest, Selections, Vol. I, p. 228

43- Smyth's Account, pp. I

44- Brijmohan's Caste, Kaye, Sepoy War, Vol. II, p. 47

45- Smyth's account, p. 91 and his evidence at the Court of Inquiries

46- ایضاً

47- J. A. B. Palmer, The Mutiny Outbreak at Meerut in 1857, p. 60

48- ایضاً

49- Delhi Gazette, 19 May 1857

50- Delhi 1857, Sir Henry & Mrs. Keith Young

51- ایضاً

52- ایضاً

53- اٹھارہ سوستاون، ڈاکٹر راہی معصوم رضا، تاریخی نظم کا آئینہ، پروفیسر سید مجاور حسین رضوی، نیا دور، لکھنؤ، ص193، اپریل-مئی 2007ء

54- خدنگِ نظر: 1857 کا ایک تاریخی روزنامچہ، ص 23، وقار ناصری، نیا دور، لکھنؤ، اپریل-مئی 2007

55- Mutiny Outbreak at Meerut in 1857 by J. A. B. Palmer

56- Smyth's Account, p. 94

57- Meerut Depositions, Nos. 56 & 73

-58 Memorandum on the Mutiny and Outbreak by G. W. Williams

-59 Narrative No. 434, p. 64-8

-60 Depositions, No. 22-9

61۔ جرمن نسل کا ایک اردو شاعر: پیارے لال شاکر، ص74، سالنامہ ادبی دنیا، لاہور

62۔ وقائع حیرت افزاء (مخطوطہ)، جارج پیش شور

63۔ آچاریہ دیپانکر، سوادھینتا آندولن اور میرٹھ، ص 141-142، جن مت پرکاشن، میرٹھ، 1993ء

64۔ ایضاً، ص 123

65۔ دہلی 1857ء، سر ہینری ڈبلیو نار من اینڈ مسز کیتھ ینگ، ص 141-142

66۔ رجنی پرماند، آج کا بھارت، 1977، ص 107-110

67۔ مسلمانوں کا روشن مستقبل: مولانا طفیل احمد منگلوری، مکتبہ الحق، ممبئ

-68 Mallesan, The Indian Mutiny of 1857, p. 24

69۔ Rethinking سید ظہیر حسین جعفری، احمد اللہ شاہ، ص 245، 1857

-70 Sir William Russel, My Diary in India in the Year 1856-59

-71 Aligarh: In Historical Perspective by Mamoon Ahmad Khan, S. S. Hall Review, 1984

72۔ مولانا امداد صابری، 1857ء کے مجاہد شعراء، ص 150

73۔ سپاہی سے صوبیدار تک، سیتا رام، ص165، لاہور 1873ء

74۔ جنرل ہیوٹ کا ٹیلی گرام، 18/مئی 1857ء، فوریسٹ سلیکشن، جلد اول، ص 225

75- Meerut Depositions, nos. 46, 48 and 52

76- ایضاً، nos. 44 and 45

77- The European Troops Movements, p. 75, Palmer

78- General Sir H. Gough, Old Memories, pp. 21-22

79- Col. E. Vibart, The Sepoy Mutiny (1898), pp. 255-6

✳ ✳ ✳